U0102815

日月光华·哲学讲堂

主　编

孙向晨　林　晖

编　委

吴晓明　张双利　邓安庆
王国豫　郝兆宽　黄　翔
郭晓东　沈语冰

本书获评"复旦大学哲学学院源恺优秀译著奖"
由上海易顺公益基金会资助出版

日月光华·哲学讲堂

12

视角的分享

〔法〕艾曼努埃尔·埃洛阿 — 著

曲晓蕊 — 译

中国出版集团　东方出版中心

图书在版编目（CIP）数据

视角的分享 /（法）艾曼努埃尔·埃洛阿著；曲晓
蕊译. －上海：东方出版中心，2023.9
（日月光华. 哲学讲堂）
ISBN 978-7-5473-2268-0

Ⅰ.①视… Ⅱ.①艾… ②曲… Ⅲ.①哲学－研究
Ⅳ.①B0

中国国家版本馆CIP数据核字（2023）第179594号

视角的分享

著　　者　[法]艾曼努埃尔·埃洛阿
译　　者　曲晓蕊
策　　划　刘佩英
责任编辑　周心怡　冯　媛
装帧设计　钟　颖

出 版 人　陈义望
出版发行　东方出版中心
地　　址　上海市仙霞路345号
邮政编码　200336
电　　话　021-62417400
印 刷 者　上海颛辉印刷厂有限公司

开　　本　787mm×1092mm　1/32
印　　张　10.875
字　　数　182千字
版　　次　2024年1月第1版
印　　次　2024年1月第1次印刷
定　　价　78.00元

总　序

　　相互对话，有利于推进思想。进入 21 世纪以来，复旦哲学迎来了与国际学界对话的高峰期，不仅建立了"中国哲学与文化"的英文硕士项目，在英国布鲁姆斯伯里（Bloomsbury）出版社出版了"复旦：与中国哲学相遇"系列丛书，而且迎来了大批国外的优秀学者，让我们的老师与学生在第一时间就有机会与国际杰出的学者们面对面交流，这不仅拓展了师生们的学术视野，更推动了思想的互动与对话。

　　在这个地球村时代，时空因为科学技术的发展而大大压缩，相互交往变得极为便利，但人类能否真正进入一个和平时代却成为一项极为尖锐的考验。能否经受考验很大程度上取决于人们之间的相互理解，取决于是否有能力去倾听。倾听是一项非常宝贵的能力，在中国文化传统中，这是与"成聖"联系在一起的，"聖，通也，从耳，呈声"。"倾听"与"通达"相关联，通达天地，通达他人；"倾听"的本质不仅仅是听到而已，最为关键的是去倾听自己所不懂的，去熟悉自己所不熟悉的，去理解自己所不理解的，这是一种真正的包容；否则貌似倾听，实则无非听自己想听的，肯定自己所肯定的，理解自己已经理解的。"倾听"意味着一种接纳"他异性"的能力，"听"总是要听"不同"的声音，《左传》说："若以水济水，谁能食之？若琴瑟之专一，谁能听之？同之不可也如是。"在经济全球化时代，不同文明之间的相互"倾听"已成为一项极为重要的品质，学术的良好生态也正是在倾听不同的声音中建立起来的。

"倾听"不只是帮助我们去理解他者，同时也是一个自我认识的过程。正是在倾听他者的过程中，才能够迂回他者，从而更好地发现自己的特点，超越自身的局限。"日月光华·哲学讲堂"在过去五年中已经出版了八种译著，译介的都是过去十多年里国际学术同行在复旦大学的演讲与授课，这些演讲表达了国外同行对于学术问题的深入理解，也表达了他们对于这个时代的深刻思考。古人说，"闻声知情，与天地合德，日月合明，四时合序"。在这个联系日益紧密的人类共同体中，倾听他者，开放思想，兼容并蓄，保持多元与丰富，追求"和而不同"的境界，正是学术同仁的共同理想。

在过去的十多年中，有上百位国际学者来复旦大学哲学学院访问，为师生们传递学术的脉动、思想的力量，为大家呈现出一个精彩纷呈的精神世界。日月光华，旦复旦兮；在倾听中，一个更为阔大的世界跃现眼前，思想的勃勃生机正孕育其中。

是为序。

孙向晨

2021 年 9 月于复旦

目　录　│　Contents

1

第一章

共同视角

主体性，是那笼罩在世界入口处的薄雾，与世混成，挥之不散。①

——莫里斯·梅洛-庞蒂（Maurice Merleau-Ponty）

就像透镜一般，从正面望过去/只见一片模糊，从侧面观看/却可以辨出形状。②

——威廉·莎士比亚，《理查二世》

（William Shakespeara, *Richard* Ⅱ）

① Maurice Merleau-Ponty，未发表工作笔记，1959 年 10 月 22 日，Fonds Merleau-Ponty，vol. Ⅷ. 2［291］（26a）。

② "Like perspectives, which rightly gazed upon/Show nothing but confusion, eyed awry/Distinguish form［...］"（威廉·莎士比亚，《理查二世》，第二幕，第二场）。

视角问题

"这是个视角问题"，"完全取决于从哪个角度来看……"这些说法对我们来说或许都不陌生。这意味着，从各自所处的位置看去，事物会在人们眼中呈现出完全不同的一面，而根据观察者采取的不同角度，形势也各有不同。但谁没有在某一天听够了这样的说辞，对此感到不耐烦，甚至怒从中来？确实，将一切归于视角不同，难道不是变相地说，每一个观点都是不可推翻的，都需要得到尊重？强调每个人都有道理，也就意味着我们永远不能质疑这些观点，因此再没有讨论的余地：如果我们最终无法达成一致观点，那还有什么讨论的必要？可以说，这表面上看起来是一种多元主义观点，但背后隐藏的却是纯粹的思想恐怖主义，以尊重、包容他人的名义，勒令停止一切交流。无条件地尊重所有异见的美好理想在现实中往往只会鼓励自我封闭和互相漠视。

毫不意外，这种视角主义（perspectivisme）观点因此在当今社会声誉不佳。对视角差异的强调，似乎在说明我们对此束手无策，只能困在"彼此之间"举步维艰。自启蒙运动以来，捍卫与己不同的观点、推动社会向更开放和自由的方向发展，一直是人们引以为傲的理想。而今天，对多元化的强调却令人们把彼此的差异神圣化，令沟通变得不可能，不仅趣味和颜色无可争辩，对事实和价值观的争论也经常会被怀疑意图统一思想。视角主义者的理论经常会被一些与启蒙思想毫不相干的社会力量暗中偷换，打着思想包容的旗号强调一种倒退的本位主义。历史上他择性观点（alternative opinion）的提出是为了让城邦（市民社会）拥抱更多的可能性、探索人们共同的未来可以有哪些不同样态，而今天的他择性观点因种种理由遭到拒绝，意味着人们对是否有可能形成共同视野产生了深度怀疑〔更有甚者，一些阴谋论者还会宣传所谓的他择性事实（alternative facts），或替代真理（alternative truth）〕。

综上所述，今天的视角主义似乎已与"共识"二字背道而驰。将一个事实或一种价值观与某种视角联系起来，首先就是将其定性为"个别观点"。不管是从个人本位主义还是群体本位主义出发，"看问题的角度"始终是个别的，拒绝任何普遍化的阐释。相应地，视角

（perspective）概念对应了一种封闭、隔绝的现实观，每个人都被囚禁在自己眼前的现实之中。人们因此指责视角论者推崇道德和文化上的相对主义，甚至直接批评他们鼓吹主观主义，将整个世界喻为巨大的镜屋，在各自受限的视野下，每个人看到的只有四周折射出的变形的自己。总而言之，观点不过是传播个人主义思想的媒介，每一个主体都被困在自我投射之中，就像亚伯拉罕·博斯（Abraham Bosse）这幅著名的蚀刻版画（见图 1.1）中的场景。当然了，画家本人并没有这一意图，他在作品中展示的是对技法的研究，呈现了透视法之下的具象绘画法则。但今天，我们不能不注意到，这正是对个人主义世界观的极佳写照。这个世界由一个个独立的个人组成，每个人的面前都投射着只属于自己的视野，永不交错，构成了一个没有任何人或事干扰的唯我论者的社会。

本书的基本假设与当下的新共识假象恰恰相反，我们要思考的问题是：为什么共同视角（pcrspcctiva communis，一种共有的、公共的视角）这一理念在历史上的某个时刻应运而生。如果说 perspective——"视角"这个词本身就是多义的（它可以指精神态度，以及由此决定的一个人思考事物，以及想象事物的方式；由此而来的作为绘画技巧的透视法，例如线性透视；或者作为光学的同义词——因为 perspectiva 也是古希腊语中光学

图 1.1　亚伯拉罕·博斯,《透视者》,铜版画,130 cm ×85 cm,见 *Manière universelle de M. Desargues pour pratiquer la perspective par petit pied, comme le géométral, Ensemble des places et proportions des fortes et faibles touches, teintes ou couleurs*, Paris, Pierre des Hayes, 1647–1648, pl. 2, p. 60。

一词的译名……），在所有这些意义变化中，都包含了一个不变的元素，那就是视觉永远不是直接、即刻的。呈现在视觉中的事物永远是不完整的，只展露出某一侧面，而我们通过它来理解自己所看到的东西。通过（à travers）是理解透视的关键词。我们通过事物的不同侧面（aspects：ad-spicere）来掌握它们，这些不同的面首先形成了视角，也就是透视这个词的原意——per-spicere："通过……看"或者"透过……看"。我们从来不是独立地凭借自身（par soi）在看，所有视觉的形成都必须借助自身以外的东西，借助媒介、装置或是第三方的显示。

在构建一个共同的主体间（intersubjectif）空间的过程中，视角这一变量发挥了（又正在发挥着）怎样的作用？它又如何作为必不可少的因素，决定了作为共同规则的参照物存在？俗话说，一棵树可以遮蔽整片森林。但在现实中，从来没有人能真正把一片森林尽收眼底，我们看到的永远只是几棵树，而森林呈现在我们眼前的，永远只是这一小部分外观。我们与其说这种局部视角是对现实的扭曲，不如说这是一种接近现实的条件。视角并没有把现实相对化，而是令其成为现实。在此基础上，本书将尝试回答以下问题：视角在多大程度上是共同的？能与谁分享它？它如何将事物聚集一体，又怎么会造成分裂和分离？它怎样构成共同的参照体系，让我们可以辨别、指明事物的所在并描划未来的蓝图？视角如何将目标汇聚于一点，而目标的形成又在多大程度上依赖于对视觉场域进行分配的透视机制？透视如何呈现空间中事物的凸显与隐退，让角度显现？它如何促进共享，又如何形成对照？它如何进行区分，又怎样造成分离？简单地说，感性，以及对感性的体验，是如何呈现在透视结构之中，后者又是怎样对其中蕴含的可能性进行分配和重组的？

在《感性的分享》中，雅克·朗西埃（Jacques Rancière）对这个决定着人们所言所见的意义的、作为前提和区分的明证系统做了绝妙的归纳。[①] 本书也有涉及朗西埃提出的一些问题，但从不同角度进行了探讨。本书的出发点是：在一个承载着意义的视阈中，对所有显现元素进行的操作（如分配、归因、包括和排除等）都必须考虑到视角因素，而后者就其本身而言，并不可类比为简单的操作。我们要做的，是返回意义的内部结构和文化的构建过程之中，描述意义产生的瞬间。视角的作用是划分，对视野进行切割，从而划定所选领域的疆界。当我们勾画一片风景中的线条，建立基点，将自己置于

---

① Jacques Rancière, *Le Partage du sensible*, Paris, La Fabrique, 2000.

空间之中，我们已经对方向进行了选择：前和后、高和底、右和左——这个轴向系统传达出我们的整体价值观和判断体系。知觉空间既不是普遍的也不是同质的：视线的每一道轨迹都呈现或揭示了我们的观看方式所遵循的标准；通过对这些规则的遵守（或是打破），通过在空间中安置事物的方式，通过我们绘制的每条线、每一个形象在画面中所处的位置，不知不觉中，我们也（重新）绘制出了对公共空间的共享。我们并没有主动选择自己的视角，而是以视角为手段开展在世界中的行动。

视角的洞察力

视角作为一种手段或媒介，并不是从来就有的观念，所以我们有必要了解它背后的历史及意义。公元 6 世纪，罗马哲学家波爱修斯（Boethius）用 perspectiva 这个拉丁词翻译了希腊语中的 optikē tekhnē，即视觉艺术，其中包括眼睛解剖学、几何光学以及物理学中光的折射定律等。波爱修斯还没有在前缀 per-与 perspectiva 之间建立某种因果联系，只是强调了这种"视觉艺术"的最高地位，因为它洞穿了视觉的法则。Perspicuitas 的意思是清晰或洞察力，波爱修斯毫不犹豫地将视觉艺术比作古希腊神话中以目光锐利著称的阿尔戈英雄林叩斯（Lyncée）。[①] 这样看来，视觉艺术将是一门具有穿透力的艺术，富于清晰性和吸引力。17 世纪，勒内·笛卡儿（René Descartes）在《指导心灵的规则 XI》（*Règle XI*）中仍将洞察力视为心灵之眼的基本特征，换句话说，"对独特事物的清晰直觉"被真理的自然之光照亮。真正的思想应是"简单而透彻的"、单纯而敏锐的，就如同所有呈现在透明（transparence）的心灵中的事物，所有清楚的理解（quae perspicue intelligo），天然地具有抵抗谬误的免疫力。

不过，随着时间推移，人们逐渐意识到这种即时的、完全透明的理解行为背后隐藏的运作方式。在阿尔布雷特·丢勒（Albrecht Dürer）之前，没有人对此作出明确解释。在一篇讨论绘画的文章中，丢勒用德语对欧几里得的几何光学思想做了简要介绍，其中提到这个拉丁语概念并评论道："透视（perspective）是一个拉丁语词，意思是'穿透……的视觉'。"[②]（见图 1.2）

――――――――――

① Boèce, *Consolation de la philosophie* III, 8.

② 该手稿写于 1507—1509 年间，原文为 "Item prospectiva ist ein lateinisch Wort, pedewt ein durchsehung", *Albrecht Dürers Schriftlicher Nachlass*, H. Rupprich（éd.）, Berlin, Deutscher Verein für Kunstwissenschaft, 1956, vol. II, p. 373（帕诺夫斯基引用的版本已经过后人编辑，因为丢勒最初的拼写方法——prospectiva——已经被替换为 perspectiva）。

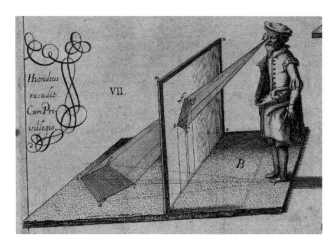

图 1.2　亨德里克·洪第乌斯（Hendrik Hondius），组图 7（细节），见 Samuel Marolois, *La Perspective contenant la théorie et la pratique d'icelle*, La Haye, H. Hondius, 1614。

丢勒的定义中"穿透……的视觉"这一表述的重要性，没有逃过欧文·帕诺夫斯基（Erwin Panofsky）的目光，他把这句话放在了《作为象征形式的透视》（*La Perspective comme forme symbolique*）[1] 一书的开头。不过，这句话的重要性不仅在于其内容，还在于其语境。丢勒没有止步于对透视及物性特征的强调，而是将这个原本与知觉相关的范畴引入了具象绘画领域。通

---

[1] Erwin Panofsky, *La Perspective comme forme symbolique*, trad. G. Ballangé, préface de Marisa Dalai Emiliani, Paris, Minuit, 1975, p. 37.

过将几何学定律应用于绘画理论，自然透视
（perspectiva naturalis）被转化为人工透视（perspectiva
artificialis），原本自然科学领域的视角也因此转变为艺术
领域的透视法。这是一场双向、非同时（两者之间稍有
延迟）的运动：一方面，绘画不再是不透明背板上展示
出的超越现实的彼岸图景，而是成为朝向感性世界开启
的一扇透明"窗口"；另一方面，正是在由视觉科学向
具象绘画科学的转移中，"透视"的意义出现了危险的
偏离，从此与艺术的再现原则联系了起来。接下来，我
们将尝试还原这双向运动，以及与之相关的各个历史时
刻。在意大利文艺复兴绘画中对透视法则的应用开创了
几何化空间的先河，同时也实现了对感性空间的征服，
例如，云蒸霞蔚的天空代替了典型的哥特式黄金背景，
这也是为什么阿尔贝蒂（Leon Battista Alberti）用"敞
开的窗口"来比喻绘画。帕诺夫斯基如此总结了这一
转变：

> 我们所说的透视视角指的是，在艺术作品中，表面
> （即绘画艺术或造型艺术的支持材料，艺术家、画家或
> 雕塑家在其上创作出物或人的形象）的物质性被否定，
> 它被简化为一个简单的"绘画平面"，艺术家将一个完
> 整的空间投射其上，仿佛视线穿透了这个平面，并且将

所有单个物体整合其中。①

　　但矛盾的是（见图 1.3），尽管人工透视推动了绘画的非物质化，并建立了图像的透明制度，此后绘画将遵循自然感知逐点复刻眼前所见（正如我们将在下文中介绍的著名的布鲁内莱斯基实验②），但它却很快引发了一个截然相反的进程，那就是令自然透视成了绘画问题。事实上，人们逐渐开始借助具象绘画来解释视觉，出现了（尽管略有延迟）所谓的视觉"图像化"过程。总之，与具象绘画的探索相比，从哲学角度对视觉的透视本质的讨论滞后了一个半世纪③，这两种讨论因此形成了一种交错（chiasme）：15 世纪最主要的潮流就是艺术的自然化，而在 17 世纪前后，我们可以看到自然的艺术化的出现，从此人们开始用艺术再现的手段解释自然视觉。在第二重转变中，有两个人物扮演了重要角色：约翰内斯·开普勒（Johannes Kepler）和勒内·笛卡儿。

① Erwin Panofsky, *La Perspective comme forme symbolique*, trad. G. Ballangé, préface de Marisa Dalai Emiliani, Paris, Minuit, 1975, p. 38。

② 见本书第三章"佛罗伦萨 1425：绘画的镜像阶段"，第 145 页。

③ Lucien Vinciguerra, *Archéologie de la perspective*, Paris, PUF, 2007, 作者文奇盖拉(Lucien Vinciguerra)认为透视法的历史必然是一段在认识和实践上都具有不连贯性的历史。另参见 Philippe Hamou, *Voir et connaître à l'âge classique*, Paris, PUF, 2002, ch. 2 & 3。

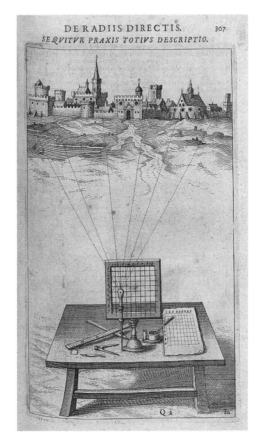

图 1.3　17 世纪图书插图，出自 Robert Fludd, *Utriusque cosmi maioris scilicet et minoris meta-physica, physica atque technica historia, t. 1, Pars Ⅵ. De optica scientia. Liber Secundus.* Theodore de Bry, Oppenheim 1624, t. Ⅱ, p. 307（版画：Kaspar Rötel）。

1604 年，开普勒发表了《威特罗年表》(*Paralipom ènes à Vitellion*)。这部作品的初衷是颂扬著名学者维特罗（Witelo）的光学思想，实际上却带来了彻底的范式转变。从这本书开始，眼睛被描述为一种暗箱投影器（camera obscura），瞳孔的作用就像快门，而眼睛后部的视网膜充当了投影表面，外部世界的倒像映印其上。这样，眼睛的内表面就像是一道"不透明的墙"（opacum parietem）——这也是该描述的症结所在——其上浸染（impingitur）了一幅画（idolum seu picturam）。① 开普勒认为，这个过程与画家的创作相似，所以有了那句著名的"所见如画"（ut pictura ita visio）。这幅画（pictura）一旦映印在视网膜上，就会在心灵中被重新翻译成图像（imago），只不过这次是纯粹的精神图像，不具有物质外延。②

在开普勒之后，笛卡儿也采用了类似的描述，并进一步深入。在 1637 年的著作《屈光学》(*Dioptrique*)中，笛卡儿指出认知能力也建立在透视图像基础上，但该图像不再位于视网膜前方，而是在上方，位于心灵层面。这些内部图像不再遵循中世纪学说的相似性

① Johannes Kepler, *Ad Vitellionem Paralipomena* [1604], in *Gesammelte Werke*, W. F. Dyck et M. Caspar (éd.), Munich, 1939, vol. II, p. 152.
② Johannes Kepler, *Dioptrice* [1611], §61.

（similitudines）原则，不再与事物的外观有任何相似之处，但它们仍然带有一个重要特征：这些图像的形成都遵循透视法则。在笛卡儿看来，这些心理表征（représentation mentale）就像是版画家所做的蚀刻画：仅用一点点墨水随意"涂抹在各处"，就重现了城市、战争和风暴的场景，尽管它们与实际事物并无丝毫相似之处；此外，"根据透视规则，它们通常用椭圆形而不是圆形来更好地再现圆形，用菱形而不是正方形来代表正方形，其他形状也是如此"①。这样就形成了古典时代以几何学为基础的知识体系，以心灵的暗箱理论为模型，人对世界的认识只能借助图像（image）或再现（représentation）的形式获得。透视主义/视角主义（perspectivisme）也因此自然而然地与表象主义（représentationnalisme）和主观主义（subjectivisme）联系在了一起。

不过，今天透视主义/视角主义的负面声望还有着另一个源头。自 16 世纪末开始，透视法就与炼金术士的秘术形影不离：因为高度数学化，只有少数入门者才能了解其奥秘并掌握，这也印证了有关它的独特传闻。

---

① René Descartes, *Dioptrique*［1637］, Ⅳ（éd. Adam-Tannery, vol. Ⅵ, p. 113）.

此外，那些与铅中毒、与各种怪异脾性相关的传闻又加剧了透视法声誉的每况愈下。① 这一时期对炼金术士的书房的描绘证明了当时人们将新的透视法理论视为一种与世隔绝的隐秘研究，例如昆哈特（Khunrath）在《永恒智慧的实验室》（*Amphithéâtre de la sagesse éternelle*）中刻画的场景（见图1.4）。如果说"通向无

图1.4　海因里希·昆哈特，《炼金术士的实验室》，见 W. Anton Hanau, *Amphitheatrum sapientiae aeternae*, 1609。

---

① James Elkins, *The Poetics of Perspective*, Ithaca, Cornell UP, 1994, 尤其见 pp. 166-170 的论述。

限的长廊"既可能通向死亡，也可以带来神圣知识，事实上正是因此，透视法的历史才得以谱下新的篇章：人们把它与彻底个人化的知识，以及极端忧郁（mélancolie）的特质联系了起来。①

乍一看，所有这些都与笛卡儿或约翰·洛克对炼金术秘籍的描述背道而驰，但这些描述从不同角度强化了一种现代主义的偏见：视角主义意味着一种个人主义。我们目前主要关注的问题是，这个等式是如何建立的，并至今持续影响着我们的观念。对于后面这点我们将在下文进行更详细的讨论。但在此之前，还有必要讲述另一段与此相关的历史，那就是透视法理论在其他领域的逐渐民主化。

透视的民主化

公元 1270 年左右，英国圣方济各会修士约翰·帕克汉姆（John Peckham）撰写了两部有关透视法的专著，尤其是第二部里程碑式的著作，直到 17 世纪还被用作参考书。与第一部极具专业性的《论透视》（Tractatus de

---

① Rayming Klibansky, Erwin Panofsky et Fritz Saxl, *Saturne et la Mélancolie. Études historiques et philosophiques: nature, religion, médecine et art*, trad. Fabienne Durand-Bogaert et Louis Évrard, Paris, Gallimard, 1989, chapitre Ⅵ, Ⅱ, 2.

perspectiva）不同,《共 同 的 透 视》（*Perspectiva communis*）面向的是更广大的读者。为什么说共同的透视呢？对此的第一种解释是，写这本书的目的就在于科普光学的基本知识（perspectiva vulgo communis appellata）。书中对光学领域的主要发现做了综述，不仅包括西方拉丁语世界的成果，还包括（以海什木为代表的）阿拉伯学者的重要研究。不过，帕克汉姆的学生森达兹沃·冯·切册尔（Sedziwój von Czechel）对此给出了另一种解释。这位西里西亚学者 1430 年在波兰克拉科夫教授透视法，用的教材正是帕克汉姆的《共同的透视》，他对这本书做出了不同的理解：透视法之所以是共同的，是因为"透视法的研究者们（perspectivistarum）把各种基础学科的知识（communia dicta）集合成一体"①。

在 15 世纪，出现了打破学科界限、围绕透视法定理对各方面知识进行综合的研究趋势，透视法研究此前长期停留在技术领域，而这一时期很多研究者都尝试将这种机械艺术转化为自由艺术。萨伏那罗拉（Savonarole）和卢卡·帕乔利（Luca Pacioli）还因此将透视法纳入四艺（quadrivium）之列，并为此创作了一则寓言画〔1493 年，

---

① Mss. Cracovie, Bibl. Jagellonicae 1929. 转引自 Clemens Baeumker, *Witelo, ein Philosoph und Naturforscher des ⅩⅢ. Jahrhunderts*, Munster, Aschendorff, 1908, p. 185。

在为教皇西斯特四世建造的墓室里，波拉约洛（Pollaiolo）以透视法作为第八种"自由艺术"的代表]。而此时的重要突破并没有止步于欧洲：1583 年，耶稣会神父利玛窦（Matteo Ricci）来到中国，把传播信仰的使命跟传授透视法理论结合了起来。利玛窦把欧几里得几何学原理翻译成中文，并向中国艺术家讲授如何使用线性透视技巧。[①] 如果说对透视法原理的传播并非毫无他意（尤其是在中国，线性透视法会与其他透视法——例如平行透视法——形成竞争，但这属于后面的讨论了），它们所蕴含的革命性力量也被大量艺术家所接受。丢勒本人在谈起自己在 1505—1507 年间的第二次意大利之旅时，就提到此行的目的是去学习"透视法的神秘艺术"[②]，虽然他从未透露老师的姓名，但据推测就是前文提到的博洛尼亚数学家卢卡·帕乔利。

有一些人满怀嫉妒地把透视法的造型法则秘而不宣，而另一些人则致力于传播这一理论。同一时期，在

[①] Belting, Hans, *Florence et Bagdad une histoire du regard entre Orient et Occident*, Paris, Gallimard, 2012, p. 67.

[②] Albrecht Dürer, Lettre du 13 octobre 1506. Dans *Dürers Briefe, Tagebücher, und Reime*, Vienne, Braumüller, 1872, pp. 21 – 22. «Ich bin in noch 10 Tagen hier fertig; danach würde ich nach Bologna reiten um der Kunst in geheimer Perspective willen, die mich einer lehren will».

佛罗伦萨的大教堂广场，菲利普·布鲁内莱斯基 (Filippo Brunelleschi) 以另一种方式阐释了什么是共同的透视，从纯粹实践性的角度对其作出了解释。虽然无法对实验进行详细分析，但长期以来人们都把它视为透视法产生的"原初场景" 〔尤其是建筑师菲拉伦塔 (Filarète) 和乔尔乔·瓦萨里（Giorgio Vasari）对此所做的介绍〕，而且已经可以预见其后果：布鲁内莱斯基不仅发明了一个协助画家根据线性透视定律进行绘画的装置，更重要的是，他创造了一种用于验证线性投影的工具。布鲁内莱斯基设计了一个空间装置：在一幅画的背面开一个观察孔，借助小孔对视线的缩合，以及向特定方向开启的功能，理论上来说，人们透过小孔看到的画面将完全覆盖原本的感知场景。不过，这一装置并没有真正开创一种新的绘画艺术。此外，正如几乎所有评论家指出的那样，在对布鲁内莱斯基的这个实验的记录中，传记作者马内蒂（Manetti）完全没有提到布鲁内莱斯基是如何在他的小板子上描绘出这种"现实的"场景的，直至今日，人们还对此充满了猜测。但这绘画技术并没有什么神秘之处，因为这场实验真正的革命性创新并不在此。布鲁内莱斯基开创的并不是一种新的造型艺术，而是一种可以衡量所有造型作品的客观性的装置：此后，人们可以通过相同的程序来检验所有形象创作的真实准确性。在这一点上，马内蒂的表述似乎更加形象：布鲁内莱斯基在他的画板背面开了一个小洞，透过小洞看出去，人们会"有一种看到真实场景的感觉"（pareva che si vedessa 'l propio vero），自己在有生之年曾多次体验这个由画板和镜子组成的设备，亲眼见证了这一效果（l'ho avuto in mano e veduto più volte a'mia dì，e possone rendere testimonianza）。①

马内蒂以自己的经验作为证言，强调不管什么人通过这个装置看到的都是同样的画面，他所见证之物并非个人化的，可以随时由他人替代自己做出证明。这段证言证明了一种跨主体的共同原则的真实存在，对所有人都一视同仁。换句话说，布鲁内莱斯基的装置并没有开创一种全新的展示（monstration）艺术，而是一种证明（démonstration）的艺术。严格地说，布鲁内莱斯基的实验并不需要特定的实验人和实验时间，因为它应该可以被任何人、在任何时刻完成，并且是可以任意重复的，这种特征后来被卡尔·波普尔（Karl Popper）称为科学实验的"可复制性"。观看者因此成为任意的、可替代的和匿名的，但他必须提供自己的身体，用他的眼睛去

---

① Antonio di Tuccio Manetti, *Vita di Filippo Brunelleschi, preceduta da La Novella del Grasso*, D. de Robertis (éd.), Milan, Polifilo, 1976, p. 59.

看，或者更准确地说，用他的一只眼睛去看，因为要获得亲眼所见——希腊语中的 autopsia，即"解剖、剖析、检验"（autopsie）——就必须闭上第二只眼睛，以作为获得稳定视觉的前提。于贝尔·达弥施（Hubert Damisch）正是以此来总结透视装置的双重要求，那就是①经验的可复制性和②可以亲眼验证：这是我亲眼所见（更准确地说，是用我的一只眼所见①）。总之，得益于布鲁内莱斯基的发明，现在所有主体都可以轻松掌握透视法，前提是这个主体将自己扁平化，成为一个没有厚度、没有运动的视点（见图1.5）。

图1.5　匿名画作［作者疑为皮耶罗·德拉·弗朗切斯卡（Piero della Francesca）］，《理想城市》（约1475—1480年），675 cm×2 395 cm，布面蛋彩画，收藏于意大利乌尔比诺，马尔凯国家美术馆。

布鲁内莱斯基的发明令每个人都能够走上法官的位

---

① Hubert Damisch, *L'Origine de la perspective*, Paris, Flammarion, 1993, p. 153.

置，他推开的这道窗口的缝隙绝非无足轻重，尤其是在政治方面。它邀请观众站在创作者的位置上，与他们处于平等地位，甚至可以设想由自己取而代之。值得注意的是，在绘画之后，透视法原理也被应用于戏剧领域，从此真正实现了普惠众生：1508 年，在费拉拉的埃斯特区建成了第一座利用透视法原理设计布景的剧场，几十年之后，帕拉弟奥（Palladio）建造了这一类型建筑之中的杰作——维琴察奥林匹克剧院（见图 1.6）。

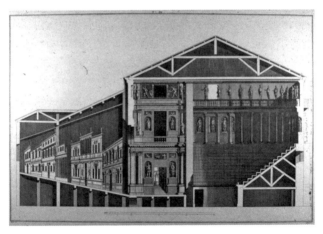

图 1.6　维琴察奥林匹克剧院，收藏于美国华盛顿特区史密森学会设计博物馆。

但有一个问题依然悬而未决：如何确定视点和灭点的位置？在 16 世纪早期的意大利剧院建筑中，建筑师首先采用了民主理念：视点位于舞台之上，把演员作为行动和空间的锚定点，从而根据占据空间的人物位置来确定地平线的高度。如此一来，观众必须发挥想象力，想象自己身处演员位置。不仅如此，不管是坐在正厅后排观众席上的普通观众还是坐在尊贵包厢里的王侯大公，都要作出相同的努力。没过多久，这种颠覆性的做法就引起了争议，很快，人们调高了视点位置，以符合君主包厢的视线高度，整个舞台的空间也因此被重新组构。① 这些争论分别以各自的方式证明了，人们对于自身所处的不同地位，及因此造成的语言、行动上的差异有了全新的认识。这同样也是马基雅维利（Machiavel）的政治思想的核心，尤其体现在他为洛伦佐·德·美第奇（Laurent de Médicis）所写的《君主论》（*Le Prince*）中：作为政治的基础，以及利益冲突的体现，观点的分歧会带来分裂。同样地，在为洛伦佐·德·美第奇写的题词中，马基雅维利展示了惊人的视角修辞技法，他用这一机制来为自己的整个思想做辩护：

> 身处卑位如我者胆敢议论君主治国之道，但愿也不

---

① Robert Klein, « Vitruve et le théâtre de la Renaissance italienne », *La Forme et l'Intelligible. Écrits sur la Renaissance et l'Art moderne*, Paris, Gallimard, 1970, notamment pp. 294 *sq*.

至于被斥为妄自尊大，个中道理犹如风景画家理当置身于平远低处以仰望山岭之势，又置身于山岭高处以俯察平地之势，是以唯有身为君主始能了解民情，唯有身为人民始能了解君道。①

这段话充分体现出作者的修辞技巧。出身卑微的尼可罗·马基雅维利没有先天资质去给君主授课。但他懂得把自己的弱点转化为优势：权力的掌握者只有获得了民众基础才能保障长久统治，但掌权者的地位不利于他判断自己是否受民众支持。在使用"唤起认同"（captatio benevolentiae）这个修辞技巧时，我们已经可以看到马基雅维利的政治思想的开端：权力并不是绝对的，它的存在前提是其他主体的认同。但掌权者所处的地位显然不利于判定人们的支持是否真实可靠，因此，马基雅维利明确声明了自己的"阶级立场"（马克思主义观点），强调他与君主之间的距离，并将这一距离升华为真正的准确性的保障。社会地位的差距为认知优越性提供了依据，而观点的相对性则被视为判定客观性的标准：这一观点不仅在贵族文学中不常见，在其他领域也算得上独

---

① Machiavel, *Le Prince et autres textes*, trad. J. Gohory, Paris, Gallimard, 1980, p. 38；马基雅维利，《君主论》，吕建中译，北京：中华书局，2014 年，献辞第 1—2 页。

树一帜，因此值得特别强调。

不过，立场的相对化和流动性在现代之前就已经开始显现。我们可以在科学文献中看到预兆和对此的准备。在 1377 年完成的《天地通论》（*Livre du ciel et du monde*）中，尼克尔·奥里斯姆（Nicolas d'Oresme）在讨论维特罗的理论时，就假设了一个自空中某处看着地球的观察者。奥里斯姆说，在这个观察者看来，地球在运动（由于它的自转），而对于地球上的人来说，是天空在运动。[①] 尽管作者仍然坚持地心说，只是用这一视角解释一些表面现象，但奥里斯姆提出的这个思想实验已经昭示了去中心化、多元视角的出现对以自我为中心的自恋视角的打击。此后不久，地球就不再是人们的视线确定无疑的出发点了。

到了 16、17 世纪，perspective 一词的意义逐渐放宽，不再局限于中心透视与线性透视法，甚至也超出了严格意义上的知觉范畴，而拥有了另一种隐喻意义，那就是观点的相对性。然而，一方面新型光学设备（望远镜、显微镜等）的发展和完善令人们可以观察到无限遥远或无限微小的世界，这些技术进步也在众多作家身上

---

① Nicolas Oresme, *Le Livre du ciel et du monde*, Madison, University of Wisconsin Press, 1968, p. 522 (livre Ⅱ, ch. 25).

引发了全新的焦虑忧郁之感。与此同时，逐日扩大的可能性领域令人们对是否能够洞察一切事物的奥秘产生了新的怀疑。在拉布吕耶尔（La Bruyère）或拉罗什富科（La Rochefoucauld）这些道德家眼中，视角成了人类易于犯错误的标志，而帕斯卡则在自己的所有著作中都坚持视角的重要性（"事物的真假取决于我们从哪一面去看它"①）。人们越来越多地把从侧面观察看成摆脱个体局限性的方法，试图以此摆脱个人偏见。然而，在这些观点出现之前，蒙田（Michel de Montaigne）已经将视角看成一种全新的学说——比较人类学的核心元素。在他的《随笔》中有一篇名为《食人族》的文章，讲述了一系列来自新大陆的历险故事，其中不乏对原住民野蛮行为的描述。蒙田在书中清晰而明智地指出，人类族群最喜欢的就是通过指责他人的"野蛮"来彰显自己的"人性"。因此，"人性"和"野蛮"这两个范畴从根本上取决于各自视角，所以我们也要接受这样一种观点，那就是在这些"野蛮人"眼中，欧洲人才是野蛮人。由此可见，这些《随笔》也是一场真正的思想实验，蒙田要求读者们采用他人的视角，就像他在《食人族》的结尾处，想象着欧洲社会的风俗在三个图皮南巴人眼中是

---

① Pascal, *Pensées*, Lafuma 539.

怎样地奇异。①

　　哲学史上对透视法做出的最早的总结来自莱布尼茨（Leibniz），在他看来，知识的完备与道德的完善是不可分割的。在一篇名为《他人之位》（La place d'au-trui）的短文中，莱布尼茨毫不犹豫地指出，站在他人的立场看问题、进行视角转换能够"让我们意识到很多原来根本考虑不到的问题"。在文中，他甚至宣称，"他人的位置才是政治与道德上的正确视角"②。

　　随着这些与透视有关的修辞方法在日常用语中的传播，它们的用法也产生了分化。从 17 世纪开始，逐步引入了新的维度——时间维度。根据《法语历史词典》（Dictionnaire historique de la langue française）的记述，透视法的意义从早期的空间投射，逐渐发展为时间上的投射，成为"人们对当前的某种形势在未来的发展的预测"（1676）。这个词的意义进一步扩大，成为"对未来有所预期"（1688）或"企图得到某物"。"透视"一词的意思因此转变为某种期待或想象中的未来（1689，"一个令人欣慰的前景 perspective"），或"一

----

① Michel de Montaigne, *Essais*, Livre I, chap. 31.
② G. W. F. Leibniz, «La place d'autrui» [1769], A Ⅶ iii, pp. 903 - 904.

种看待事物的特殊方式，解释事件发展的方式"
（1757）。[1] 在此基础上，"前景中"（en perspective）的
事物是遥远的，但显示出某种可能的，（某些情况下）甚
至是确凿的预期。

无论是作为空间标准还是时间标准，透视/视角都
包含了一组动线的展开，它们构成了感性世界中表象显
露的脊梁或起伏结构。总之，正如本书开篇时引用的莎
士比亚《理查二世》中的诗句，因为透视效果，从某个
角度看过去，事物的凹凸和立体感就能够显示出来。我
们在文学中能更清晰地看到这种视角主义的发展历程。

从塞万提斯到卡内蒂：从反教条主义到集权主义

不管在哪个年代，文学都是引导人们从他人的角度
看事物的一种有力手段。通常我们会把 17 世纪一种新的
文学体裁——小说，看作视角原则在文学领域的应用。
在传统史诗叙事中，没有任何对主人公的内心描写，而
现代小说与此相反，强调的恰恰是揭示内心体验的视角。
米格尔·德·塞万提斯（Miguel de Cervantès）的小说
《堂吉诃德》就是极佳例证。小说将两位主人公——没落

---

[1] 参见 *Dictionnaire historique de la langue française*，A. Rey（éd.），
Paris, Robert, 2011，«perspective»词条。

贵族堂吉诃德和他的侍从桑丘·潘沙——内心截然不同的渴望刻画得栩栩如生。拉伯雷（Rabelais）的小说也同样让读者感到了时代的变化：与庞大固埃和高康大两个巨人的神奇历险相比，《巨人传》第三部中巴汝奇的烦恼和疑问，反映出当时资产阶级的兴起。人们不再赞颂高康大与儿子庞大固埃的丰功伟业，他们被描绘成没有内心世界的空壳，在第三部中让位于一个全新的浪漫人物，预示着现代个人主义的崛起。在英国文学中，这一运动的代表作家是劳伦斯·斯特恩（Laurence Sterne）和他的名著《项狄传》（*Tristram Shandy*），一部讲述特里斯坦·项狄的生平经历与思想的长河式小说。

然而，将现代小说的诞生与视角原则联系起来，究竟意味着什么？塞万提斯的《堂吉诃德》可能是回答这个问题的最佳例证。长期以来我们都把主角看作悲剧性的形象——他消瘦修长，像是刚刚从埃尔·格列柯（El Greco）的画中走出来的一个伟大的否定者的化身，这个来自骑士时代的没落贵族，始终不愿接受辉煌时代已经逝去这一现实。不管是罗奇南托还是杜尔西内娅，都只存在于主人公的脑海中，而小说叙事的视角也再次印证了视角主义等同于一种封闭的理想主义。堂吉诃德用自己的浪漫理想和想象力的滥觞来对抗英雄时代无可挽回的没落，而他的仆人表现出的忠诚也只是不完美地掩盖了自己对现实世界的掌控。这位贵族绅士把风车看成巨人，展开风车大战的情节，说明了他对现实的拒绝，这与桑丘·潘沙对未来的笃定相比照，构成了鲜明的讽刺。

不过，这样的阐释无法真正展现出小说叙事的丰富性，因为最终，对人物的内心世界的发现，包括其中所有的幻想和怀旧梦境，都是向特定时代——骑士文学的时代——的回归，而这个时代又并不重视内心世界，这难道不是自相矛盾么？这样看来，好像塞万提斯一上来就设置了一个世俗化的主人公——桑丘·潘沙，和一个隐喻式的主人公——堂吉诃德之间的对立，后者只能通过前代的历史故事进入自己的内心。然而这正是意义所在，塞万提斯的意图并不是把这位不合时宜的贵族绅士和他朴素务实的男仆分开，在一个生不逢时但又（为了自己幻想的目标）勇往直前的堂吉诃德和一个一心只想着填饱肚子（正如他的名字潘沙所示）的桑丘之间作出选择。这种对立也并不仅仅体现在两位主人公身上，也在其他所有人物，包括跑龙套的小人物身上都清晰可见，让这部流浪冒险小说呈现出欢快的复调特征——有时甚至还有点多嘴多舌、纷乱嘈杂。《堂吉诃德》因此是多源的，其中每个源头都包含矛盾的观点。这位来自拉曼却地方的精明绅士讲了无数矛盾争议的段子，比如他在第二卷曾经讲到这样一个故事，两个美食家都品尝了同一杯葡萄酒，其中一个说这个产区的酒有轻微的皮革味道，而另一个则认为是有淡淡的铁味。两人各执一词，争执不下，直到最后人们去检查橡木桶时，竟然在酒桶底部发现了一把系着皮带的钥匙。① 故事中的两个美食家各自说出了一部分真相。塞万提斯的作品因此公开提出了多元视角的假设，以及世界会在不同的观察角度下展现出不同的面貌。堂吉诃德拒绝接受桑丘把自己找到的传奇骑士曼布里诺的头盔说成一个普普通通的理发师铜盆。他说："你认为是理发师铜盆的东西，在我看来就是曼布里诺的头盔，在别人眼里，可能又是别的东西了。"② 因此，在这些流浪故事中，除了滑稽和幽默之外，显然还包含一种反教条的意义，一种对快乐的创造力的呼唤。

几年后，罗伯特·胡克（Robert Hooke）建议当时的人们带上画箱（picture box）去风景中漫步。这样，主体摇身一变成为一个独立的暗箱（camera obscura），可以将自己所在之处眼前的"一切事物"一览无遗，并

---

① Miguel de Cervantès, *El ingenioso hidalgo Don Quijote de la Mancha*, Ⅱ. 13（trad. fr. *L'Ingénieux Hidalgo Don Quichotte de la Manche*, trad. C. Oudin, J. Cassou et F. Rosset, Paris, Gallimard, 1949）.

② Miguel de Cervantès，*El ingenioso hidalgo Don Quijote de la Mancha*，Ⅰ. 25（trad. fr.，p. 225）。

记录下它们的角度和外观（见图 1.7）。胡克的透视观念
体现出视角的累加，把不同视角添加在一起，就可以得
到一个完整的世界图景。然而这一观点忽略了两个问
题：一是观点之间的对立和动态关系，正如塞万提斯的
小说中描述的那样；二是视角的封闭性。仿佛只有带上
眼罩才能排除边缘的干扰，获得清晰的视野。现代性很
快就会发现这种多元观点的有害之处。

图 1.7 　罗伯特·胡克，《画箱》(1694)，参
见 William Derham, *Philosophical Experi-
ments and Observations of the late eminent
Dr. Hooke*, Londres, 1726, p. 295。

　　在 19 和 20 世纪之交，小说创作中大量体现了个人体验的不可调和、难以将不同观点融合在共同的世界中这样的趋势。这一时期的意识流小说〔例如乔伊斯（Joyce）、穆齐尔（Musil）、斯维沃（Svevo）等〕都非常重视人物的内心视角，而在《追忆似水年华》中，马塞尔·普鲁斯特（Marcel Proust）令这一碎片化的感性世界成为永恒的主题。小说中有这样一幕，叙述者坐在花园里，透过一排玫瑰花丛凝望着大海。海平面上，有一艘轮船在全速前进。从叙述者的角度看过去，由于透视现象，这一运动显得无限缓慢，因为船只在两根玫瑰枝条之间移动——这两支宾夕法尼亚玫瑰之间"映出一片大海，轮船慢慢地划过蓝色海平面，从一枝花茎驶向另一枝花茎"[1]。世界的边界整个被纳入有限的视野之中。

　　在普鲁斯特探索第一人称的感观世界所有隐秘的角落的同时，还有一位作家在现代主义倾向中看到了另一种预兆，一种逐步显露的有害的封闭，他就是伊莱亚斯·卡内蒂（Elias Canetti）。在他的小说里，现代社会只存在于表象之中。有的只是四散的主体性，无数互不相容的意识之束；各自被困囿在自身复杂的思想和欲望

---

[1] Marcel Proust, *A la recherche du temps perdu*, éd. Tadié, Paris, Gallimard-Pléiade, 1987 – 1989, t. II, p. 156.

之中，人们对世界所做的不同的再现像笼子一样将自己幽禁其中，无法向他人敞开。在这里，卡内蒂使用了一种他称为"声学面具"的手法，也就是相互隔离的言语模式，他让每一个人物都遵循不同的轨道。在一系列明显是人为设定的不自然的规则之下，每个人都被简化成单一类型，我们看到的只是无尽的独白、刻板重复的语句、冲动而老套的废话连篇……最关键的是，他们对自己视阈之外的事物都视而不见。作家笔下的这些人物永远无法互相理解，每个人都封闭在被卡内蒂称为"私人神话"（Privatmythus）的个人视阈中。发表于 1935 年的小说《迷惘》（*Auto-da-fé*，德语原名为 *Die Blendung*，即《盲目》）① 就描述了这样一种僵化的视角主义带来的灾难性后果。这里视角的"共同"之处就在于它是分裂、封闭、无可挽回地支离破碎的，被所谓信徒撕裂肢解。在其后的作品中，尤其是在《群众与权利》（*Masse et puissance*）中，卡内蒂进一步探讨了现代社会是如何克服这种有害的孤立主义，并因此最终将走向自己的对立面，迫使群体统一观点、屈服于极权主义权力。所有观点都在强权管制下走向一致，所有目光都

---

① Elias Canetti, *Auto-da-fé* [1935], trad. P. Arhex, Paris, Gallimard, 1968.

将聚焦在同一个目标上，祈望着唯一的救赎者的到来。[1]

从以上所有例子中、从视角主义骑士般横扫文学疆土的过程中，我们又能得出什么结论呢？我们暂且停留在卡内蒂描述的这种张力之中，从他的早期作品到《群众与权利》，他一直在描述这种对立、揭示摆在视角主义面前的双重僵局。两者其实是一回事：要么视角是一种无穷无尽的衍射，每个主体都日复一日逐渐孤立、禁锢在万籁俱寂的斗室之中；要么视角是所有视线汇聚在一个中心点上。在这两种情况下，视线都没有任何偏斜，都不容许任何视线的反转。这种视角主义建立在排他原则之上。如果视角主义真的仅限于这一种模式，我们自然有理由以那些习常论调去批评和指责它。但恰恰相反，发展心理学、语言学和动物行为学等其他领域的研究向我们揭示了视角在构建一个共同的实践世界过程中起到了至关重要的作用，并揭示了视角的分享所蕴含的丰富意义。

视点的分享

视点（point de vue）的分享是什么意思？这个问题值得我们花时间仔细思考：作为引申意义，我们可以说这

---

[1] Elias Canetti, *Masse et puissance* [1960], trad. R. Rovini, Paris, Gallimard, 1966.

代表了意见的重叠，但从字面上来看，它首先预示了两个观者从同一个位置发出视线，严格来说，这意味着两个身体占据了同一空间位置，这显然是不可能的。不过，人类学家和儿童心理学家坚持认为，视角的融合在人类社会化的进程中起着至关重要的作用。在当前的研究中，这种被称为联合意向性（intentionnalité conjointe）、主体间注意力聚焦或"共同视点"（shared point of view）的能力，很大程度上取决于个体在早期习得的一系列能力，包括在生命最初的两年中学习到的个人视角的不可规约性。温尼科特（Winnicott）或约翰·鲍比（Bowlby）的发展心理学研究表明①，儿童与外界物体的自由互动越多，就越早意识到这些物体不是自己身体的一部分，而是独立存在的。对分离状态的意识虽然会带来一定的烦恼和沮丧，却并不会导致忧郁的退缩，反而会不断激发更新、更为深入的互动形式。

某个阶段之后，儿童心理学家普遍认为在九个月左右，幼儿不仅开始对自己周围的物体感兴趣，也会对其他人对这些物体的关注产生兴趣。这就是所谓的"共同

---

① John Bowlby, *Attachement et perte*, vol. I: *L'attachement* [*Attachment and Loss*, 1969], trad. J. Kalmanovitch, Paris, PUF, 1978; Donald Winnicott, *De la pédiatrie à la psychanalyse* [*Through Pediatrics to Psycho-Analysis*, 1958], trad. J. Kalmanovitch, Paris, Payot, 1987.

注意"（joint attention）的出现。与新生儿将注意力集中在某个物体上不同，这次是孩子对他人的兴趣产生了兴趣。从这个意义上说，这不是一种二元或正面的关系，而是三角关系，有时也叫"三角形参照系"。孩子用手指向一个物体——比如一个动物——来吸引成年人的注意。行为心理学家和灵长类动物学家迈克尔·托马塞洛（Michael Tomasello）认为，这种能力在人类化和文化的起源中起到了核心作用，因为交流——无论是口头的还是人际交际的，是命名还是指示——不仅让我们能够指向某物，还能够与某人分享其所指。这种共享的前提条件是其他主体能够理解此人所想，尽管这种沟通总是有具体语境的，但其所指对象很可能不在当下的知觉范围内：这就要具备跟随他人的目光或手势的能力，才能将他的注意力引向对话者视线范围之外的事物。虽然我们通常把我们与事物、事件和日常细节的关系置于我们与他人的关系之下，但前者往往是后者的基础。陈德邵（Tran Duc Thao）这位太快被世人遗忘的马克思主义现象学家曾用了一个巧妙的比喻来描述共同注意力——把注意力比作"圆弧式的"①，也就是单向度的意向性的光

---

① Trân Duc Thao, *Recherches sur l'origine du langage et de la conscience*, Paris, Éditions Sociales, 1973, p. 26.

束发生弯曲和折转，形成一个共享的注意力空间。

托马塞洛与同事的研究具有非常特殊的意义，因为他们在对指示动作的意义进行描述时，脱离了传统的阐释方法。从威廉·冯特（Wilhelm Wundt）到维果茨基（Vygotsky），占据主导地位的传统理论认为，指示动作仅仅是抓取动作的开端，比如孩子要求大人帮自己拿来自己无法够取的东西。[1] 对灵长类动物的研究发现，类人猿可以用多种不同的沟通方式来取得一件物品（不管是小黑猩猩向成年同伴发出的请求，还是一只雌猴向自己的幼崽示意食物来源，并小心确保她的孩子是唯一获得这个信息的）。[2] 虽然灵长类学家对类人猿群体中是否存在严格意义上的指示动作——也就是说，不需通过声

---

[1] Wilhelm Wundt, *Völkerpsychologie. Eine Untersuchung der Entwicklungsgesetze von Sprache, Mythus und Sitte*, Leipzig, Engelmann, 1904, vol. 1: *Die Sprache*, pp. 136 *sq.* Lev Vygotsky, *Mind in Society: The Development of Higher Psychological Processes*. Cambridge, (Mass.), Harvard University Press, 1978, pp. 56 *sq.*

[2] Jane Goodall, *The Chimpanzees of Gombe. Patterns of Behaviour*, Cambridge, Belknap Press, 1986. David Leavens & William Hopkins, «Intentional communication by chimpanzees. A cross-sectional study of the use of referential gestures», in *Developmental Psychology* 34(1998), pp. 813 – 822. Michael Tomasello & Josep Call (éd.), *The Gestural Communication of Apes and Monkeys*, Mahwah, Erlbaum, 2007.

音而仅靠指向——还存在不少争议①，他们却也一致同意这样一个事实，那就是所有的手势都只包含占有性、目的性意义，简而言之：工具意义。用迈克尔·托马塞洛的话说，"黑猩猩对手势的使用和理解是作为单向的行动，指向某种目的"②。

灵长类动物研究的发展使人们可以更好地识别人类个体发育过程中的某些向量。尽管类人猿确实能够向另一个（动物或人类）主体发出信号，示意自己希望获得某个物品，同时也能将注意力放在他人身上（例如为同伴摘去皮毛里的虱子），但此前却并没有例子证明它们之间有联合注意力的存在。因此，根据托马塞洛的观点，人类社会化的过程本质上与这种能力的发展有关，而这也通常是自闭症儿童身上缺失的一种能力。③

----

① 这一问题上的争议来自两位灵长类学家：迈克尔·托马塞洛和弗朗斯·德瓦尔的研究［Frans De Waal, «Pointing primates: Sharing knowledge . . . without language», *Chronicle of Higher Education* January (2001), B7 - B9. Michael Tomasello, «Why don't apes point?», in *Roots of Human Sociality*, N. Enfield & S. Levinson (éd.), New York, Wenner-Grenn, 2006, pp. 506 - 524］。有关这一论战，可参见艾蒂安·班博奈的叙述：Étienne Bimbenet, *Le complexe des trois singes: essai sur l'animalité humaine*, Paris, Seuil, 2017。

② Michael Tomasello, «Why don't apes point», 见前揭, p. 515。

③ Juan Carlos Gomez, «Joint Attention and the Notion of Subject: Insights from Apes, Normal Children, and Children with Autism» in *Joint* （转下页）

与传统理论中将指示动作理解为抓取动作的衍生形式不同，在对人类研究对象的早期观察中我们看到，指示动作通常是为了引起注意力，而注意力的分享甚至会给儿童带来相当程度的愉悦。在这里有必要区分两种类型的指示：一种原始命令式指示（une indication proto-impérative），表达了对某个物品的需求，只要得到所需的物品，主体的要求就得到了满足；另一种是原始指示式指示（une indication proto-démonstrative），指示共同的视域内存在的某个物体，而这一指示并不必然伴随着占有的要求。在维尔纳（H. Werner）和卡普兰（B. Kaplan）所描述的"原初共享情境"（primordial sharing situation）中[①]，儿童仅仅因为吸引成年人把注意力放到一个物体或事件上这个简单的事实，就能获得单纯的乐趣，而不涉及任何获取或占有的要求。

从哲学角度讨论灵长类动物研究和人类化的问题，并不一定意味着发现了一种新的人类学差异，并以此为

（接上页）*attention. Communication and other minds*，N. Eilan, Ch. Hoerl, T. McCormack & J. Roessler（dir.），Oxford, Oxford University Press, 2005, pp. 65 - 84.

① Heinz Werner & Bernard Kaplan, *Symbol Formation. An Organismic-Developmental Approach to Language and the Expression of Thought*, New York, Wiley, 1963.）

基础对人的本质做出新的定义——不再从语言能力或符号推理能力的角度，而是以分享注意力空间的能力作为主要因素。在野生猿和圈养的猿类身上观察到的不同结果显示出环境的重要性。与托马塞洛所持的本体论观点相反，也有其他研究人员强调了人类生活环境的特殊性。这就意味着指示现象不是因为人类这一物种的特殊性，而是因为环境的不同才出现的。对"参照空间"的研究表明，被捕捉、圈养的猴子做出了指示性的动作，与其说是因为它们与人类接触产生的所谓的"人类化"，不如说是因为它们与新生儿面临着相同的局限性：与摇篮里的婴儿一样，笼子里的猴子几乎无法直接接触到物体，因此人们通过指示动作与它们建立了间接联系。[1]

重新回到联合注意力这个问题——也就是梅洛-庞蒂所说的"共觉"（co-perception[2]）——它将社会的起源及其重要性都归结为视角转换的能力，这也是意义产生的至关重要的因素。儿童不仅要学习从第三人称到第

---

[1] David Leavens, William Hopkins & Kim Bard, « The heterochronic origins of explicit reference », *The Shared Mind. Perspectives on Intersubjectivity*, J. Zlatev et al. (éd.), Amsterdam, John Benjamins, 2008, pp. 187 - 214.

[2] Maurice Merleau-Ponty, *Signes*, Paris, Gallimard, 1960, p. 215；莫里斯·梅洛-庞蒂，《符号》，姜志辉译，北京：商务印书馆，2003 年，第 212 页。

一人称的转换，也要（在15—18个月这段期间里）逐步习惯一个物体可以同时是一枝玫瑰、一朵花和一个礼物。[①] 最后，特别是在本书所涉及的语境下，还要强调前语言时期视觉场景的重要性，因为通过指示动作，一个行动者可以创造出一个虚拟的或象征性的空间，像一个投影屏幕，在所有行动者眼前展开。

联合注意力的出现不仅在行动者之间建立了一个虚构的共同视角，还创造了一个作为参照系的共同前景。毕竟，虽然两个空间中延展的身体不可能占据同一位置，但这并不妨碍它们对同一个目标的联合注视，此外，许多社会行为正是在于建立一个共同目标，并通过审议的方式作出（评估或行动上的）回应。尽管永远不可能直接进入他人的视角，但我们仍然可以共享同一个感性世界。当我们去电影院或剧院，坐在各自的位置上，看到的是同一部电影或同一出剧目，我们可以事后一起讨论，正是在共同的感觉（sensus，拉丁语，感觉）的基础上，我们可以阐发不同意见、异识（dis-sensus）。欧文·斯特劳斯（Erwin Straus）在1935年出版的《意义的意义》（*Du sens des sens*）一书中讨论了现象学与心

①　Michael Tomasello, *The Cultural Origins of Human Cognition*, Cambridge (Mass.), Harvard University Press, 1999, p. 107.

理学的交叉，对这个现实问题做出了准确描述：

　　在剧院，每个人都沉浸在自己看到的剧情里，但所有观众又同时在欣赏同一出戏。在阶梯教室，大家都在一起看一张 X 光片，从每个人所在的位置看过去，看到的视觉画面各不相同，而且从教室的一边到另外一边，差异非常明显。尽管如此，即使每一道视线都不重合，所有在座的人还是都看向同一个物体。对我们每个人来说，不管是作为目标的视觉刺激物，还是我们各自转身面向可见物的观看行动本身，都是不一样的。当我们围着一张桌子面对面坐下来，毫无疑问，我们眼前是两个截然不同的画面，但看到的都是这同一张桌子。而且我们身在不同的位置，却可以向着同一个目标一起努力，协同合作。在一场手术中，外科医生和他的助手从不同的视角注视病患的身体，但这并不妨碍他们站在各自的位置面向同一个手术对象。如此可见，我们并非融入同一个视角，而是面向同一个可见物，后者是这个由不同时－空视角构成的包容的相异性（altérité）整体的一部分。①

---

① Erwin Straus, *Du sens des sens. Contribution à l'étude des fondements de la psychologie* ［1935］, trad. G. Thinès et J.-P. Legrand, Grenoble, Millon, 1989, p. 216.

这个"相异性整体"超越了所有投向它的目光的总和，但也在这些目光中获得了自身的坚实性。如果说，看，从一开始就意味着我们看到的远不只是事物呈现在我们面前的那一面，事物的客观性（objectivité）与透视原则却并不矛盾，因为根据定义，一个作为客体对象（ob-jectum）出现的物体（objet）总是出现在某一个观察角度之下。但事物不仅不会压缩为它呈现出的那个局部侧面，还会超出它作为一个对象所呈现的所有侧面的总和，这就意味着就算我们不断累积不同的视角，也无法从整体上完完全全地把握事物。双稳态图形，例如图1.8中的鲁宾花瓶幻觉图就很好地说明了这一点：我们可以把图形看成花瓶或者把它看成人脸，但却不能直接消除它本质上的模糊性。恰恰相反，这些双稳态图形似乎印证了视角固化现象，似乎视觉只能机械地在两种结论之间互相切换。在临床病理学上，这种现象带来的风险是众所周知的，如果一个主体把世界归结为两种对立的视角并拒绝任何其他观点存在的可能性，那他就有很大可能患上精神疾病，因为世界最终总是汇聚为一个对主体视角构成威胁的唯一视角，正如比昂（W. R. Bion）在他的"可逆视角"理论中揭示出的那样。①

---

① W. R. Bion, *Elements of Psycho-Analysis*, Londres, Heinemann, 1963.

图1.8　鲁宾花瓶幻觉图（Edgar J. Rubin）

　　现在让我们再回到问题的核心：近代在联合注意力、共享视点和象征的知觉基础等方面的研究，如何对（通常被认为受视角主义影响而产生的）相对主义观念提出了质疑？现在是时候重新思考尼采的思想了，直到今天他仍是这个问题最重要的奠基者，我们来看一看他的视角主义思想是不是完全否认了唯一的世界和客观性共识的存在。①

---

① 下文论述出自本书作者的另一篇文章《Réaliser. Pourquoi le perspectivisme n'est pas un relativisme》，*Choses en soi. Métaphysique du réalisme*, E. Alloa et E. During (dir.), Paris, PUF, 2018, pp. 117 - 132。

尼采：视角主义是不是一种相对主义诡辩论?[①]

"没有事实，只有阐释"——这句话出自尼采遗著笔记中的片段[②]，并以各种变化形式散落于他一生的写作中。在所有关于后真相（post-vérité）的辩论中人们经常把这句话——以及尼采的整个思想——指责为相对主义话语滋生的温床，它断言了每个人都要紧紧抓住属于自己的小真相。这句话体现出尼采对阐释的首要性和不可或缺的地位的坚持，相当于引发了一场科学的"去客观化"（dés-objectivation）运动，后者意味着真理仅仅是个人化的理解和精神构建的结果。[③] 在批评者看来，他并不仅仅满足于对事物自主性的瓦解、将它们置于主体意志之下（"对世界的阐释来自我们的需要、我们的本

---

① 下文论述是对本书作者的另一篇文章的引用和延伸 *Choses en soi. Métaphysique du réalisme*，s. l. d. d'E. Alloa & E. During, Paris, PUF, 2018。

② Friedrich Nietzsche, FP〔= Fragments posthumes, dans *Œuvres philosophiques complètes*，G. Deleuze et M. de Gandillac（dir.），Paris, Gallimard, 1968 et sq.〕vol. XII, 7〔60〕, p. 305. ; KSA〔= *Kritische Studienausgabe*，éd. Giorgio Colli et Mazzino Montinari, Berlin/New York, De Gruyter, 1980, 15 vol.〕vol. 12, p. 315.

③ 参见莫里奇奥·费拉里斯对尼采的批评：Maurizio Ferraris, *Manifeste du nouveau réalisme*, trad. M. Flusin et A. Robert, Paris, Hermann, 2014。

能，它们所支持和反对的一切"）①，而是将先验主体整体瓦解，并散佚为很多不相容的观点。从自在（en soi）变为为我（pour moi），再从为我到人人为己（chacun pour soi）。

真的是这样吗？难道我们真的能把这种极端的相对论归咎于弗雷德里希·尼采？他的"视角主义"（perspektivismus）概念究竟指的是什么？如果要摆脱那些被过度引用的观点，作出真正的分析，就必须考察尼采思想的发展过程中经历了哪些变化。深入研究表明②，尼采思想中最接近激进的认识相对论的观点出现在《论非道德意义上的真理与谎言》（Vérité et mensonge au sens extra-moral）一文中。在这篇 1873 年的笔记中，尼采梳理了真理的历史谱系，指出任何知识都不可能脱离认知行为而独立存在，因为任何与意义相关的操作都只不过是一种"重译"，由最初的神经冲动形成图像，并

---

① Friedrich Nietzsche, FP Ⅻ, 7[60], p. 305; KSA 12, p. 315.
② 参见 Alexander Nehamas, «Immanent and Transcendent Perspectivism in Nietzsche», *Nietzsche Studien* 12 (1983), pp. 473 – 490; Volker Gerhardt, «Die Perspektive des Perspektivismus», *Nietzsche Studien* 18 (1989), pp. 260 – 282; Friedrich Kaulbach, *Philosophie des Perspektivismus*, Tubingen, Mohr Siebeck, 1990; James Conant, «Dialectic of perspectivism Ⅱ» *Nordic Journal of Philosophy*, 7. 1 (2006), pp. 6 – 57。

最终得到清晰发音。① 除了这种"过渡性"的真理概念（他把它比作一个"移动的隐喻大军"②），他真正拆解的是此前固若金汤的绝对事物观念，从而使之让位于关系性的存在论（在一段遗著笔记中，尼采还写道："并没有什么'物自体'，存在是由关系构成的"③）。

在《论非道德意义上的真理与谎言》一文中，尼采对真理进行的历史化分析带有明确的批判目的：要彻底打破所有自以为是的对物自体的知识。而在这一点上，他竟然表现出强烈的康德主义倾向，不少研究者都指出了这一点，不过尼采走得比康德更远——他把所有知识都归入了谬误；从此真理不过就是谎言的另一种形式。但如果真的像尼采认为的那样，真理实际上是被遗忘了本相的幻觉，这就引出了原初状况问题。早期尼采提出的视角主义的概念实际上是一种非现实化（déréalisation）。任何一般性、任何概念、我们作为一般参照物的一切，都来自根据唯一原则对多样性进行的抽

---

① Nietzsche, *Vérité et mensonge au sens extra-moral*, 1; OC I. 2, p. 280; KSA 1, p. 880; 尼采，《论非道德意义上的真理与谎言》，余明峰译，收入《悲剧的诞生》，孙周兴等译，上海人民出版社，2016 年，第 332—349 页。

② Nietzsche, *Vérité et mensonge au sens extra-moral*, 1; OC I. 2, p. 280（trad. modifiée）; KSA 1, p. 880. 尼采，《论非道德意义上的真理与谎言》，见前揭。

③ Nietzsche, FP XIV, 14[122]; KSA 13, p. 303.

象和归纳。当我们说"花",指的就不再是这朵花,而概念就像是一枚经过太多次转手而渐渐被磨去了花纹的硬币。这个平滑的金属块,失去了原本的浮凸花纹,因为它与原本所代表的事物之间的联系已经被切断。在《快乐的知识》中也有同样的思考,他写道:"一切的意识说到底都是一种概括、肤浅和虚假,因此也是彻底的变质。"[①] 在这种远离中,不仅有致命的"概括"(verall-gemeinerung),还要进一步扁平化为共性(vergemei-nerung)、抹去原初状态的一切独特特征。

不难看出,这种视角主义已经进入了一个死胡同。两个选择殊途同归。要么坚定地彻底放弃真理观念("唯一的真理就是没有'真理'"),但这种肯定本身就不包含真理的成分,并且有自相矛盾的风险;要么断言概念化远离真实,那就意味着一个阿基米德支点——一个原真的、未产生扭曲的原点——的存在。作为一个前后矛盾的思想家,尼采是不是更看重修辞辩术,而不是严谨的知识理论?我们需要对他的思想的发展作出更细致的判断。事实上,"视角"概念随时间推移经历了多次重构。在某种意义上,可以说它与非现实化恰恰相

---

① Nietzsche, *Le Gai Savoir*, §354; OC Ⅴ, p. 254; KSA 3, p. 593;尼采,《快乐的知识》,黄明嘉译,北京:中央编译出版社,2009 年,第 256 页。本书译者根据法语引文作出了相应调整。

反，尼采最终认为视角是实现（réalisation）的因素。尽管视角具有不可还原性，但他却没有因此为所有知识敲响丧钟（"有无数的眼睛……因此也有许多不同的'真理'，所以就是没有真理"[1]），可以说是真理的观念本身得到了扩展，从而将不同事物涵盖其中。

显然，视角这个词在尼采的笔下有着不同的含义，而在（通常加引号的）"视角主义"这个概念里，很难看出尼采本人持支持还是反对意见。有时，它似乎指的是一种受到谴责的"坏视角主义"（mauvais perspectivisme），是内心的心理地理学（psychogéographie）向外部世界的投射（在这一观点中，每个个体都被自己的"小宇宙"所包围，他的"小宇宙"是由他的力量、他的欲望、他的日常经验向自身之外的投射而创造出来的一个仅仅属于他自己的外部世界[2]）。但除了这个"坏视角主义"之外，不可否认，这个词还有一种肯定的用法。标志着这一转折的重要著作包括古斯塔夫·泰希穆勒（Gustav Teichmüller）1882年出版的《真实世界和表象世界》（*Die wirkliche und die scheinbare Welt*），其中视角一词只属于表象世界，与现实世界相对立。为了

---

① Nietzsche, FP Ⅺ, 34[230]；KSA 11, p. 498.
② Nietzsche，FP Ⅺ，p. 503。

蓄意挑衅，尼采颠倒了意义，视角因此变成了首要的、不可玷污的真理的名称，与形而上学的因果论（把原因作为事物存在基础的"旧观念"）形成了鲜明对立。这一结论还伴随着一个警告，即把这种视角主义作为一种新的形而上学，其任务恰恰在于解释不同视角之间的关系。

> 我们的看法不能超越自己的立场和观点：要想知道旁人的思想和观点里可能存在的东西，只是一种无望的好奇心罢了……不过，我想至少今天我们已经远离了这种骄横，不会从自己的角度出发规定别人只有从这一角度出发才能获得有效的视角。而对我们来说，世界再次成为"无限"的了。①

这种无限不再是黑格尔所说的"坏的无限"，相反地，它蕴含着全新的可能性，尤其是一种新的知识类型。尼采思想中的断裂、切割、节奏和格式的变化本身，就印证了这样一种内在的多元性，当然，可以看出这是他有意为之，以此推动观点的变化。此外，当尼采在《悲剧的诞

---

① Nietzsche, *Le Gai Savoir*，Ⅴ，§ 374；OC Ⅴ，pp. 283 – 284；KSA 3, p. 626f；尼采，《快乐的知识》，前揭，第 293 页，本书译者根据法语引文作出了相应调整。

生》中宣称要"用艺术家的透镜看科学，而用生命的透镜看艺术……"①的时候，我们似乎可以接上被省略号所代替的下一句：从他人的观点出发，思考某种实践活动或某个知识领域，例如，从"生理学"视角来考察艺术，或者从"谱系"的角度对道德进行研究。在这样的研究中，真理既不是对象的内在品质，也并非某个内在意识的特点的投射，而是来自事物之间的侧显关系，必然处于不断的修正和调整之中。

此外，有关视角的哲学并非由尼采所独创，但他为自己（尤其是从莱布尼茨那里）继承的这一哲学思考注入了新的活力，因为现在他把其中涉及的力量、利益和欲望都纳入了考量范围。任何有效的阐释都同时是情感阐释，它要求主体的所有认知行为都依赖于"视角与情感阐释的多样性"②。正是因为有了情感的存在——也就有了力量——视角主义才不是一种简单的相对主义，所以尼采不可能将其宣称成"一切都没有差别"的相对主

① Nietzsche, *Naissance de la tragédie*, *Essai d'autocritique*, §2；OC Ⅰ.1, p. 26；KSA 1, p. 14；尼采，《悲剧的诞生》，孙周兴等译，见前揭，第 8 页。

② Nietzsche, *La Généalogie de la morale*, Ⅲ, §12；OC Ⅶ, p. 309；KSA 5, p. 364；尼采，《道德的谱系》，梁锡江译，上海：华东师范大学出版社，2015 年，第三章第 12 节。

义的先知。阐释相互矛盾，视角也是同样，因为它们相
互侵占、重叠、抵消，它们本身就依赖于直觉的力量对
比（"每一种直觉都伴随着特定的支配欲，都希望将自
己的视角、自己的观点作为标准强加于所有其他直觉之
上"① ）。在尼采最具启迪性的思考中，我们可以看到
他对自由主义思想的致命死结——假设各种矛盾观点可
以和平共存——的批判。他拒绝这个概念，不仅是因为
后者把问题看得太天真太简单，而且还因为它捍卫的往
往是实际上最具胁迫性的状况。因为一旦我们发现每个
人看待世界的方式都截然不同，却依然要解决观点的共
存问题，个人主义的认识论就会逐步转向社会威权主
义：对尼采来说，托马斯·霍布斯（Thomas Hobbes）
的《利维坦》（Leviathan）就勾勒了这样一种轮廓，正
是以尊重个人观点的名义，才有了"约定俗成的惯例"
的形成。然而，通过契约（或者更确切地说，通过一个
假定的契约）来规定不同观点和立场之间的关系，反而
把这些观点各自限制住了，阻碍了它们自身的立场变
化。在《道德的谱系》（Généalogie de la morale）中，
观点自身的流动性特征被认为是获得更可靠的知识的先
决条件。"综上所述，作为认知者，我们不能不感谢这

---

① Nietzsche, FP XII, 7[60], p. 305; KSA 12, p. 315.

种全盘推倒常规视角和常规价值判断的行动。"①

然而——这正是我们所关心的问题的核心——颠覆原有的视角不仅关乎个人成长，而且是迈向对事物更清晰准确的理解的第一步，尼采毫不犹豫地使用了"客观性"这个词（即使它带着引号，这意味着这个词的意义产生了特定变化）：

这样一种别样的看法，这样一种意欲改变看法的行为，对于理智在未来达成其"客观性"起到了很大的规范与准备的作用——在这里客观性不能被理解为"无功利的直观"（后者简直是愚蠢荒谬的），而是有能力支配自己的赞成与反对意见，有能力公开或搁置自己的意见：这样一来，人们就知道如何将视角与情感解释的多样性应用于认识领域。②

然而，虽然他要求对所有"颠覆惯常视角和评价的做

① Nietzsche, *La Généalogie de la morale*，Ⅲ，§ 12；OC Ⅶ，pp. 308 - 309；KSA 5, p. 364；尼采，《论道德的谱系》，周泓译，北京：生活·读书·新知三联书店，2017 年，第三章第 12 节，第 117 页。本书译者根据法语引文作出了相应调整。

② Nietzsche, *La Généalogie de la morale*，Ⅲ，§ 12；OC Ⅶ，p. 309；KSA 5, p. 364；尼采，《论道德的谱系》，梁锡江译，上海：华东师范大学出版社，2015 年，第三章第 12 节。本书译者根据法语引文作出了相应调整。

法"心怀感恩，并在这一过程中看到理智对其"客观性"的规范与准备，但他对这一点的强调还不够彻底。尼采向"我们"提出了这个要求——我们这些"求知者"。正如威廉·詹姆斯（William James）后来所说，客体本身并没有固定的本质，而是构成了一个"联合客体"（objet conjonctif），由其所有外观轮廓连续拼接而成，先行存在于主体间关系之中。有一点是肯定的：至少在认识论领域，尼采绝不是一个虚无主义者，可以将他前期思想中经常被引用的段落与《反基督》中的这句话进行对比，他写道，"良好的阅读艺术"是"能够体察事实，而不是通过解释虚构事实，也不是一味追求理解而丧失谨慎、耐心和细致"①。此外，我们也难以想象在认识论方面，尼采会是个人主义者，至少不是在普遍理解的意义上。他的视角主义绝不排除视线交叉的可能性，恰恰相反，观点的碰撞甚至被作为一种标准状态，因为他对视角主义的理解是动态的、激烈的。有很多方法可以帮助人们摆脱主体的理智化观念。让我们再次引用《论道德的谱系》中的论述：

哲人先生们，让我们从现在起更注意提防那种设计

---

① Nietzsche, *Antéchrist* §52; OC Ⅷ, p. 217; KSA 6, p. 233.

了一个"纯粹的、无欲的、无痛的、永恒的认识主体"的危险而古老的观念虚构；让我们提防那些诸如"纯粹理性""绝对精神""自在认识"等自相矛盾的概念伸出的触角：这些虚构和概念总是要求有一只常人无法想象的眼睛，要求这只眼睛完全没有方向感，没有主动性和解释力，可是没有了这些看就无所谓之"看见"；因此，这些对眼睛的要求都是些荒谬的要求。世上只有带有视角的看，也只有带有视角的"认识"；我们越是允许更多的对于事物的情感暴露，我们越是善于让更多的眼睛、各种各样的眼睛去看同一事物，我们关于此事物的"概念"、我们的"客观性"就越加全面。①

通过描绘复眼的形象，毋庸置疑，尼采并不是在呼唤一个无所不见的主体、一个希腊神话中的千眼阿古斯，而是召唤着共同的视野，并且我们不是不可以想象这个视野由多个主体所分享。总之，通过对尼采著作更深入的研究，我们可以看到，不能把尼采的视角主义与人们通常为它分配的刻板标签联系在一起，我们现在对

---

① Nietzsche, *La Généalogie de la morale*，Ⅲ，§12；OC Ⅶ，p. 309；KSA 5，pp. 364–365；尼采，《论道德的谱系》，周泓译，北京：生活·读书·新知三联书店，2017年，第三章第12节，第117页。本书译者根据法语引文作出了相应调整。

尼采所说的所有客观化行为包含的矛盾本质有了更深刻的理解，这让我们不得不重新去思考"视角的共享"一词的含义。视角不仅仅是对现实的阻碍，同时也是主体实现现实的前提，但这一过程并非顺畅无虞。根据尼采的观点，我们可以区分出两种主要的观点分享模式。

两种分享模式：和解式与动态式

和解式分享

第一种形式是和解式的共享，以"视野的融合"这个梦想为特征。诚然，目前阶段分歧仍然存在，但这一分歧最终会消失。莱布尼茨的天意主义宇宙观就印证了这种观点，我们称其为和解式（irénique）视角主义。在莱布尼茨的理论中，宇宙的秩序遵循着先定的和谐，即单子的和谐，因此必须在事物多样化的表面之下抓住其统一性，他用一个著名的比喻，正如人们可以从不同角度来观察一个城市：

> 同一座城市从不同侧面看总是会呈现出异样，犹如从多个视角所做的描绘；同样，由于单一实体众多，似乎便存在着同样多的不同世界，这些世界也无非是对唯一宇宙之从不同视角进行的观察，各因每一个别单子观

点的不同而异。①

一些人建议，与其称为"视角主义"，不如说是方面主义（aspectivisme），因为这些观点的差异只是表面现象。实际上，它们体现了同一事物的不同侧面，如果能够将它们统一起来，任何冲突都会迎刃而解。

这犹如透视法的发明：一些图画看似杂乱无章，人们只有从正确的视角或者透过一种玻璃或一面镜子观看才会发现其美。……我们的小世界也以同样方式在大世界中融为一体而成为美的，它们不含有任何与一个普遍的、无限完美的原则的统一性相对立的东西。相反，我们的小世界提高了对这个原则的智慧的景仰，因为它使恶服务于至高之善。②

简言之，在失真的现象背后，有着统一而坚实的宇宙。很多方面主义者都喜欢以翻译为例证明自己的观点：虽然事物有多重侧面，但最终它们可能相互转译。这种方

① G. W. F. Leibniz, *Monadologie*，§ 57；莱布尼茨，《神义论》，朱雁冰译，北京：生活·读书·新知三联书店，2007 年，第 492 页。
② G. W. F. Leibniz, *Théodicée*, section 147；莱布尼茨，《神义论》，朱雁冰译，北京：生活·读书·新知三联书店，2007 年，第 227 页。

法一上来就假定了达成和解的理想状态，因此犯了同化思想、普世合一的错误。然而，尽管伏尔泰在《老实人》（*Candide*）里结结实实地对莱布尼茨视角主义的和解幻想进行了一通嘲讽，但后者并不是和解式视角的唯一推崇者。在 20 世纪，又有其他思想接替了这一传统。哲学诠释学为这种调和主义观点做出了教科书式的例证。伽达默尔（Hans-Georg Gadamer）在设想"视域融合"观点时，在出发点就已经预设了最终的成功，因为这一理论的目标，是促成"这样一些被误认为是独立存在的视域的融合过程"，从而消除造成目前彼此互相分别的相异性（altérité）。[①]最终，因为有了共识的存在，即使只是潜在的，也会将所有努力磁铁般聚合一体；一切都将归拢，一切都会融合。在《论宗教之统一》（*De l'unité en religion*，1625）中，弗朗西斯·培根（Francis Bacon）指出所有的颜色都会交融……在黑暗中。显然，共识也意味着沉重的代价。

动态分享

第二种视角主义观点与这种大团圆的和解画面截然

[①] Hans-Georg Gadamer, *Vérité et méthode. Les grandes lignes d'une herméneutique philosophique*, trad. P. Fruchon, J. Grondin et G. Merlio, Paris, Seuil, 1996, p. 328；汉斯-格奥尔格·伽达默尔，《真理与方法·诠释学Ⅰ》，洪汉鼎译，北京：商务印书馆，2007 年，第 416 页。

对立，它最主要的特征是动态（dynamique）性。与形而上学教条主义的看法相反，世界可以容许的真实描述不止一种，而视角的冲突与其说是来自追求真理的洁癖（从长远来看，真理最终会自动显露，抹去所有虚假的替代品），不如说是一架不断重启的马达，不停地生产着意义。分歧带来区分，它在意义内部进行拆卸、解剖、重新分配，在不断重新开始的运动中解析出所有色调变化。在这样激烈对抗的状态下，产生共同意义的可能性正寓于摩擦和冲突之中，因为对方的视角充当了永远的对立面，永远无法抹平彼此间的龃龉不合。动态视角主义重视行动者之间的冲突，也重视内部冲突，也就是尼采所说的"人内心的矛盾冲动"（widersprechenden antrieben in einem menschen[①]）。在不同视角发生碰撞和摩擦之处，会产生间距，也因此提供了避让的空间和可能性。从敌对（antagonisme）到对抗（agonisme，词根 agôn 的意思是斗争、对抗、竞争）的转变恰好符合了走出正面对立的逻辑，为侧向运动创造了条件。这不是制造对立（schaffen von gegensätzen），而是拉开距离，即尼采所说的"挖掘距离"（distanzen aufreißen[②]）。视

---

① Nietzsche, 1884 FP 26[119]，p. 181；KSA 11, p. 181.
② Nietzsche, 1887 FP 10[63]；KSA 12, p. 494.

角主义正是在意义的间隔中发挥出最大的潜力。

让我们回到最初起点，即具身化的、情境化的、个人化的知觉。视角如何介入其间？知觉，总是对某物的知觉。从这个意义上来讲，知觉恰恰不是感知一切，而是感知某物。一方面，所有的感知都意味着一种选择、一种减法，这意味着把某些事物搁置一旁，以便更好地把握另一些事物。而另一方面，它也同时起到了强化作用，因为从中选择，就是对某一部分加以强调，因此，可以说 percipere（感知）也是一种 ex-cipere（从……中取出）的形式，即所有的视觉都是"从……中分离出"（ex-ception），因为它令某物从充满各种可能性的背景中浮现出来。知觉，确实始终是对某物的知觉，但同时也是以某种方式感知到此物，这意味着所有的知觉都是向他者的开放、向另一种可能性开放：如果我的知觉意味着我总是以某种方式在进行感知，那表示我从一开始就知道其他观看方式存在的可能性。

采用多元视角的能力——认识和利用差异——被证明是推动知识进步的主要动力，也是组成共同世界的关键因素。正是在这一前提下，作为主观特殊主义的保障的"视角"才逐步展示出聚合力。吉尔·德勒兹（Gilles Deleuze）敏锐指出：视角不是"真理根据主体不同而产生的变化，而是变化的真理出现在主体面前的条件"①。这种令感知多样化的能力为我们打开了通向事物的多种不同路径，避免了重复相同的东西、停留在相同状态，而是能够去想象其他可能性和未来的发展轨迹。这意味着观点的汇合并不必然具有强制性乃至限制性——如专制政权中要求的集体步调一致——而是可以在某些具体的重要问题上积聚力量。这样一来，汇合就意味着将视点集中在特定的局部问题上，形成观点交叉，从而保证每次都有重新审视（ré-vision、révision，即修订）的可能性，也就是说，所有观点都应当容许人们用另一种方式、以全新的眼光和不同的看法，去重新审视。

意见分歧

对不可调和的多元观点的认识，通常被视为现代思想的重要特征之一。但它并不为现代所独有，很多证据表明，对意义冲突的关注在西方文化中由来已久。荷马的《伊利亚特》就从处于敌对立场的两个希腊英雄阿喀琉斯和赫克托耳的视角出发，向人们描述了特洛伊战

---

① Gilles Deleuze, *Le Pli. Leibniz et le Baroque*, Paris, Minuit, 1988, p. 27；吉尔·德勒兹，《福科·褶子》，于智奇、杨洁译，长沙：湖南文艺出版社，2001 年，第 175 页，本书译者根据法语引文作出了相应调整。

争。对矛盾视角的重视浸润了整个希腊文化。在强调观点分歧的所有思想学派中，最著名的要数诡辩派和以皮浪为代表的怀疑主义，后者也是柏拉图及其弟子们主要反对的对象（并在一定程度上获得了成功①）。在怀疑论者塞克斯都·恩披里克（Sextus Empiricus）整理记述的著名残篇《双重论点》（*Dissoi logoi*）中，匿名的作者将这一主题以各种可能的、可以想象的方式进行了阐发。例如文身——作者指出，在一些城邦中，文身被认为是显示少女身体之美的一种装饰，而在另一些地方它是囚犯身上永久的耻辱印记。② 因此，任何观点都能找到与之对立的相反论断（也就是 dissoi logoi）。普罗泰戈拉（Protagoras）曾在《辩论的艺术》（*Art de l'éristique*）中借第欧根尼·拉尔修（Diogène Laërce）之口转述："所有的命题都可以引发相互对立的论断。"因为任何意见都会得到肯定或否定两种反应。但更重要的是，除了纯粹逻辑上的对立以外，大部分都是个体（或由个体组成的群体）之间的对立，每个人都认为自己是正确的：每种主张从一开始就预设了自己的真理价值。这就是为什么塞克斯都·恩披里克在讨论皮浪主义命题

① 参见本书第二章《依据存在还是依据表象？柏拉图与透视图像》。
② *Dissoi logoi*, fragment 2, 9*ss*.

的有效性时，毫不犹豫地指出这些观点的理论依据本身也受制于视角主义原则。恩披里克首先引述了"panta esti pros ti"这个说法，"所有事物都是关系/相对的（relation）"，但补充道，对于一个皮浪怀疑主义者来说，这句话也可以写成 panta phainetai pros ti，也就是把"存在"（estin）替换为"显现"（phainetai）。① 对此也可以有两种不同的译法："所有事物都表现为相对的"，或者"所有事物都通过相对的方式显现自身"。翻译的不确定性并非语文学问题，而是源自这句话所描述的问题本身，找不到任何俯视视角可以化解这一对立关系。

从中也可以看到希腊人所说的"不和谐的声音（diaphōnia）"这一现象。这种不和谐可能会演化为争执，甚至矛盾对立（antilogia）。一个著名的例子就是埃皮提莫斯的标枪。在一次奥运会五项全能比赛中，一名运动员在投掷标枪时失手刺到了法萨罗的埃皮提莫斯（Épitime de Pharsale），导致他当场死亡。伯里克利（Périclès）花了一整天的时间思考要对这起悲剧负责的人究竟是投标枪的人，还是运动会的组织者。而普罗泰戈拉在《论相反论证》（*Antilogies*）中讲述这个故事时，没有从责任角度进行分析；这位诡辩家真正感兴趣的是

---

① Sextus Empiricus, *Esquisses pyrrhoniennes*, I, xiv [135].

辩证僵局——我们无法通过辩论得出解决方案，只能以专断的方式加以解决，因为根据不同的立场，造成死亡的原因可能是标枪（医学角度）、运动员（法律角度）或者奥运会的组织者（政治当局的角度）。

在皮浪派传统中，这种无法解决争端的能力并不是人类软弱的表现，相反，它构成了人的首要品质，即在复杂的世界面前保持怀疑态度。代表观点之争的不和谐的声音是对自然本身的不和谐的表达，必须放大分歧的力量，释放动态的对抗（dynamis antithetikē）。古典文化中经常把这一观点归于克诺索斯的埃奈西德穆（Énésidème de Cnossos）。这是一位神秘的作家，今人推断他是西塞罗（Cicéron）的同时代人。埃奈西德穆是新皮浪主义的核心人物，蒙田和德国唯心主义都曾受到他的影响，尽管他的著作并没有被完整地保存下来。他的思想主要以格言的形式被收录在《转义录》（*Tropes*）里，后者标志着怀疑主义的重要发展·早期怀疑论者经常指责现象论观点，建议只将其视为表象，而这本书超越了传统态度，将其纳入了对人的判断能力与其对象之间的关联的思考。埃奈西德穆提出的一则转义对于理解视角主义的历史有着重要价值，它强调的正是所有真理命题的物质和感性立足点。《皮浪学说概要》（*Esquisses pyrrhoniennes*）第五条转义中写道（按照塞克斯都·恩

披里克的编号），真理的确立应取决于"位置、距离和
地点"等因素①：一盏油灯的光芒在黑暗中会显得很明
亮，但白天看却非常微弱；一张画水平放置时是平的，
当按某个角度挂起来时，它就会呈现出立体感和特定深
度（profondeur）等。②

视角现实主义

诡辩论与皮浪派坚称应根据立足点的不同对意义进
行分配，这一主张构成了对哲学的持久挑衅。③ 亚里士
多德后来总结说，在正义和价值观问题上，"存在着许
多差异与不确定性"（pollēn echei diaphoran kai
planēn）。④ 但他没有像柏拉图（甚至巴门尼德）那样以
唯一理念来平息众议，也没有采取高尔吉亚（Gorgias）
或普罗泰戈拉的立场，而是提议把视线的瞄准和对象本
身区分开来：对存在的表达可以有很多种方式，这种多
样性并不会影响到本体论层面的统一；此外，通过对语
言行为的观察可以看到，语言中意义的分裂并不妨碍它

①　Sextus Empiricus, *Esquisses pyrrhoniennes*, I, xiv [36].

②　同上书, I, xiv [119 - 120]。

③　参见 Barbara Cassin, *l'effet, sophistique*, Paris, NRF, 1995。

④　亚里士多德，《尼各马可伦理学》，廖申白译注，第一卷，1；1094 b 14
　　以降，北京：商务印书馆，2003 年，第 7 页。

们指向共同的事物，而后者的存在虽然以意义的表述和语言揭示为前提，却并不会在其中呈现自己的全部面貌。言说，总是关于某事/某物的言说，意味着在语言行为和它的对象之间从一开始就存在一个分裂、双重化的过程。为了避开相对主义的诱惑，又不想借助理念世界的形而上学标准，首先要理解这种被亚里士多德称为"pros ti"的、处于所有认识行为的核心的关系究竟是什么。坚持视角的重要性，并不一定意味着相对主义，恰恰相反：从某种意义上来说，相对主义者在这个问题上还没有那么坚定，他们只是把现象的相对性限定为一种为我的相对性（relativité-pour-moi），而现象依然指向对象，是对对象的表达。坚定的相对主义者必须意识到关系/相对性（pros ti）至少是双重的：与他人的语言交流的相对性，以及语言指涉对象的相对性，因为后者不仅决定了言语的意义，还无法在言语中穷尽其所是。因此，在"为……的相对性"（relatif-pour）之外，还有一个"与……的相对性"（relatif-à）。

由于对第二个相对性——即相对于指涉对象的相对性——的坚持，视角主义也可以被称为现实主义——这里的现实主义指的是假设事物的存在独立于我们认识事物的方式（对事物的感知、思考、想象等）。也就是下面这句话的意思："视觉是视见某些事物，这并不指那个'因彼而成其为所视见的'。"① 人们经常指责这句话过于省略，令人摸不着头脑。应该怎样理解呢？当然了，说"视觉是对所视见者的视觉"并没有错，但这将是一个完美的同义反复，不增加任何新的内容。亚里士多德似乎想说明一个非常简单的事实，那就是知觉行为所针对的感性对象不是由知觉行为建立的，甚至可以说是先于其存在的；所以对象总是比所视见者更多。借用亚里士多德在其他地方对它的描述：对于感知者来说，可感觉事物全是外在的（exōten）。② 这种优先性是非常必要的，因为它保证了知觉行为是一种认识行为，而不是纯粹的重言反复和自为参照。

前面曾提到视角主义经常被指责为相对主义的温床：如果一切都归于视角问题，那么这个视角将永远都只是其他视角的视角；如此这般，会陷入无限的追溯。如果要避免这一点，则须确立一前提：视角总是有关外在于它的事物的视角，这不是否定，恰恰相反，是建立一种坚实的视角主义的保障：如果说感知对象每次都是由感知者个人的视角建立的，这相当于说感知对象不是一个而是有很多个，并且彼此没有任何联系；而通过确

---

① 亚里士多德，《形而上学》卷5，第十五章，1021b1。

② 亚里士多德，《论灵魂》，吴寿彭译，北京：商务印书馆，1999年，第103页，417b26－28。

立一个无法被还原为单一视角的对象，反过来令通向对象的多元路径成为可能，也因此获得了确定性。因为在亚里士多德看来，相对主义者无法解释不同的感知方式构成的不同感知对象之间有什么联系，所以这些对象都是不确定的（aorista）。[①] 尽管亚里士多德对思考关系的本质作出了宝贵的贡献，但他并没有站在视角主义的立场，事实上远非如此，因为形而上学的目标是证明物是自在的（kath' auto）。但对处于永恒形式之下（sub specie æternitate）的自在之物的思考，是否能够与人类有限的、定点的视角相适应？我们能否将斯多葛主义描绘的与世隔绝的智者形象与实践知识相匹配？这个疑问占据了现代思想的主流，直到今天仍是当代的主题。

在《思想录》中，帕斯卡指出，在认识论和道德问题上，最难的就是找到判断的最佳视点："绘画中的透视法告诉我们如何观看一幅画，但是当我们走向道德和真理时，谁能告诉我们最佳的视点在哪里？"在帕斯卡看来，只有上帝才能拥有这样的视角。不过其他思想家并不满足于这一结论。我们在休谟、亚当·斯密、卢梭、康德、罗尔斯或哈贝马斯那里，都能够找到对高高在上、不偏不倚的旁观者视角的描述，尽管他们对此态

[①] 亚里士多德，《形而上学》卷 4，第四章，1006a11 - 28。

度不尽相同，但其中的知识问题也经常与价值问题合为一体。对其中一些人来说，这意味着对独立于主体之外的某个特定立场，或者对纯粹的理论虚构的抽象表达，无论如何，这个"不偏不倚的旁观者"都会影响整个人类群体，因为后者现在必须将自己的行动和思想交由这个匿名的仲裁者评判。在这个形象随后经历的所有蜕变中，大卫·史密斯（David Smith）所说的"不偏不倚的旁观者"（人们经常错误地将冠名权归功于他）无疑是分离得最不彻底的，因为它与世界依然保持着牢固的联系。它实际上是我们每个人的一部分，亚当·斯密曾建议将其从我们内心驱逐出去，以便保持适当距离，以更公平和更客观的心灵视角来看待眼前的现实：

　　如同肉眼看到的东西的大小并非依它们的真正体积而是依它们的远近而定一样，人心之中天然生就的眼睛（natural eye of the mind）看起东西来也可能如此，并且我们几乎用相同的办法来纠正这两个器官的缺陷。从我们现在写书的位置来看，草地、森林以及远山的无限风景，似乎不见得大到能遮住我旁边的那扇小窗，而同我坐在里面的这间房子相比则小得不成比例。除了把自己放到一个不同的位置——至少在想象中这样做——在那里能从大致相等的距离环视远处那些巨大的对象和周围小的对象，从而能对它们的实际大小比例作出一些正确的判断之外，我没有其他办法可以对两者作出正确的比较。①

随后，亚当·斯密从对大小的感知转向了对道德和情感问题的思考：

同样，对于人性中的那些自私而又原始的激情来说，我们自己的毫厘之得失会显得比另一个和我们没有特殊关系的人的最高利益重要得多，会激起某种更为激昂的高兴或悲伤，引出某种更为强烈的渴望或嫌恶。只要从这一立场出发，他的那些利益就绝不会被看得同我们自己的一样重要，绝不会限制我们去做任何有助于促进我们的利益而给他带来损害的事情。我们要能够对这两种相对立的利益作出公正的比较，必须先改变一下自己的地位。我们必须既不从自己所处的地位也不从他所处的地位，既不用自己的眼光也不用他的眼光，而是从第三者所处的地位和用第三者的眼光来看待它们。这个

① Adam Smith, *Théorie des sentiments moraux* [1759], trad. M. Biziou et al., Paris, PUF, 2007, Ⅲ, 3, p. 197；亚当·斯密，《亚当·斯密全集》第 1 卷，道德情操论，蒋自强等译，北京：商务印书馆，2014 年，第 165 页。

第三者同我们没有什么特殊的关系，他在我们之间没有
偏向地作出判断。①

　　一个客观无私的法官这个比喻，在康德看来，他是唯一
一个能够"深入事物内部"而不会像那些有偏见的行动
者一样受偏见影响而产生路线偏移的人，但它只是一个
的虚构理念，贯穿了整个现代时期并提出了很多问题。
因为"不偏不倚的旁观者"这个表述本身就是自相矛盾
的，它似乎无视了作为旁观者的含义：好似凭空出现的
一道目光——心灵的目光——我们有理由质疑它在何种
程度上仍然可以自称是真实的感知（见图1.9）。

　　美国哲学家托马斯·内格尔（Thomas Nagel）在其
著作《本然的观点》（*The View From Nowhere*）中也加
入了这场讨论，并揭示了其中的矛盾：我们是否真的可
以声称站在神圣之眼的立场，又保证没有把很多我们自
己的特征强加于该视角之上？② 在这样做的时候，我们
所面临的问题，内格尔问道，是不是与想象"生为蝙蝠

---

① Adam Smith, *Théorie des sentiments moraux* [1759], trad. M. Biziou et al., Paris, PUF, 2007, Ⅲ, 3, p. 198；《亚当·斯密全集》第1卷，第166页。

② Thomas Nagel, *Le Point de vue de nulle part*, trad. S. Kronlund, Paris, Éd. de l'Éclat, 1993.

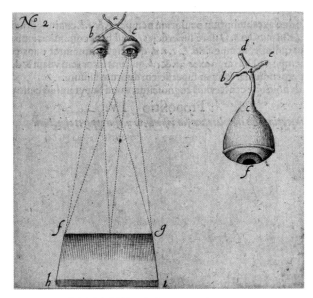

图 1.9　17 世纪图书插图，出自 Robert Fludd, *Utriusque cosmi maioris scilicet et minoris metaphysica, physica atque technica historia, t. 1, Pars Ⅳ. De optica scientia. Liber Secundus.* Theodore de Bry, Oppenheim 1624, p. 301（版画：Kaspar Rötel）。

是什么感觉"是一样的？实际上，只有那些在经验结构上已经与某个属于其他物种的个体足够接近的人才有可能客观地描述该个体的体验。然而，正如所有与经验有关的问题一样，要想客观地定义某种经验，恰恰要求主体能够从自身经验的角度去体验它。经验特征（主观的，因此是褊狭的）恰恰与客观性所要求的普遍化的

（也就是不偏不倚的）维度相对立。话虽如此，我们已经很难做到以令人满意的方式站在他人的角度向他们描述我们自己的感受了，要以自己的角度去理解另一个物种的体验岂不是难上加难？既然说不出做一只蝙蝠大体上是种什么感觉，那么，在描述用神圣的视角看世界大概是个什么样子这个问题上，我们也不会知道得更多。没有什么"不偏不倚的观众"，也没有本然的"视点"，如果我们不想剥夺视野原本的厚度的话。

关于这个问题，梅洛-庞蒂提出了一种有用的区分，或许有助于澄清这一争论。他在《意义与无意义》（*Sens et non-sens*）中写道，可以用两种方式来构想无功利的视角：神圣视角和天狼星视角。① 在对世界的自然史的理解上，这两种视角会带来截然不同的两种结果：神圣视角将会是博叙埃（Bossuet）所宣扬的上帝的神圣之眼，在它面前，哪怕世上最微不足道的事物也有意义，尽管这意义还不能被行动者所领会。天狼星视角则与之不同，它并非来自上帝，而是距离非常非常遥远。如伏尔泰在《微型巨人》（*Micromégas*）中描述的视角，"天狼星视角"这个词就来自这本书（尽管梅洛-庞

---

① Maurice Merleau-Ponty, *Sens et non-sens*, Paris, Gallimard, 1995, p. 111.

蒂在书中并没有明确提及）。在梅洛-庞蒂看来，最典型的天狼星视角其实是实证主义历史学家查尔斯·赛诺伯斯（Charles Seignobos）所描述的理想视角，一道能够洞察一切的目光，不会遗漏任何一个，即使是最微不足道的元素。但是，这里包含着一个结构性的悖论，也是所有综合视角都不可避免的悖论——如果任何事物都无法逃脱这道目光，这也意味着它们最终全部逃脱：看到一切，就意味着没有看到任何特别的东西，因为视野中缺少凸起。胡塞尔也阐述过相似的观点：他认为上帝的视角也是有限的，上帝也需要找到适当的位置以便拥有真正的视野。因为一个拥有绝对视觉的神将是一个被剥夺了全部洞察力的神（"一种理想化的无穷智慧，难道不是无尽的愚昧吗——将一切尽收眼底，却什么都没有理解、什么都辨认不出？"[①]）。

不过，如果要把这两种要求统一在上文所述的连贯视角中，如果任何视角都既是关于某事的视角又是为某人的视角，那么就必须同时保证观看者的初始锚定以及

①　Edmund Husserl, *Aufsätze und Vorträge (1922 - 1937)*, Husserliana vol. 27, Dordrecht-Boston, Kluwer, 1989, p. 210 - 211. 德语原文《Ist das gezeichnete Ideal der unendlichen Weisheit nicht vielmehr das der unendlichen Dummheit, die alles sieht und doch nichts begreift und erkennt?》。

这一视角所针对的对象的客观性。也正是在这一前提下，视角主义才能自称是现实主义，如果我们能够接受这一点，那就是，与形而上学现实主义可能相信的相反，世界可以容许的真实描述不止一种。

因此，本体论的一致性并没有与表象分离，恰恰是表象赋予了它一致性，但前提是这些表象从一开始就是复数的、多重的和分散的。与柏拉图对拟像的敌意相反，亚里士多德已经为表象做出了辩护："如果某种东西向所有人都显现（pāsi dokein），我们认为它是真实的和现实的。"① 当然，我们还必须在这个"所有人"（πᾶς）的内涵上达成一致。如果认同汉娜·阿伦特（Hannah Arendt）的观点，那"所有"指的并不是一个整体，而是由对共性有着需求的每个人组成。世界的坚实性来自这样一个事实，即我们周围的事物比生产它们的活动更持久，并且超越了所有存在以各种方式与他们建立的联系。但是，事物的持久性和一致性只能在其他存在与它们的联系之中得到检验，而在联系建立的同时，它们也会发出抵抗。这种抵抗以转移的形式表现出来，转移到其他视角，邀请观看者四处走动，以便从另一个角度认识事物。但最重要的是，我们要接受这

---

① 亚里士多德，《尼各马可伦理学》第十章第 2 节，1173a1 - 2。

一点，所有的显现，其前提必定是对所有人可见的。这样的视角共享给人带来了现实感。用阿伦特的话来说，"只有事物被许多人从不同角度观看而不改变它们的同一性，以至于聚集在它周围的人知道他们从纯粹的多样性中看到的是同一个东西；只有在这样的地方，世界的实在性才能真实可靠地出现"[①]。通过多元视角，不仅对象获得了可靠性，作为背景出现的共同世界亦然。只有当通往世界的途径不被特权所垄断的时候，共同世界才会出现："当展露在人们眼前的共同世界只有唯一的一面，当它只被允许以一种视角呈现时，它就结束了。"[②]

在这里我们不会对这些段落作更进一步的讨论，只从中归纳出一些基本特征，以此为基础进行视角的形态简析。

视角的形态简析

视角有哪些特征？我们可以从以下三个概念入手确

[①] Hannah Arendt, *Condition de l'homme moderne*, trad. G. Fragier, Paris, Calmann-Lévy, 1961, p. 69, 引文经本书作者翻译修改；汉娜·阿伦特，《人的境况》，王寅丽译，上海：上海人民出版社，2021年，第38页。

[②] 同上。

立一些基本维度：视点（point de vue/point of view）、方面（aspect）和视角（perspective）。

> （i）视点（point of view）：视点是由主体决定的，它定义了（一个或几个）观看者在观察事物时所处的位置对视觉产生的影响。

> （ii）方面（aspect）：方面是由客体决定的，它定义了事物呈现自身的方式，从某一个侧面，向（一个或几个）观看者显露自身。

> （iii）视角（perspective）：视角既不局限于观看的对象，也不局限于观看主体，而是对某种结构关系的命名。

在此基础上，我们可以对这一描述进行扩展，指出其他影响视角的参数，包括面向、反再现、媒介性、客观性和复数性等特征。

> （a）面向（adresse）：所有的视角都是为某个人的视角，因此，所有视角都是有方向的，都包含着一个面向结构。说某种观看方式是事物向观看者呈现自身的某一方面，就是坚持显现的方向性特征。现象场并不是一个各向同性的平面，它始终被一种内趋性所贯穿。

> （b）反再现（anti-représentationalité）：视角并非一种再现。它没有隔在观看者与对象之间，为前

者提供后者的图像，而是呈现事物从特定侧面看过去呈现出的方面性（aspectualité）。与镜像不同，视角并不"反映"事物的某种状态，而是事物"显现"自身的一种方式。

(c) 媒介性（médialité）：视角本身并不是一个中介（作为再现或某种形式的代言），而是一种媒介。我们并不能像看事物那样看到它，我们只能借助它去领会其他事物。正如我们不能看到照亮事物的光，但事物却是借助光显现在我们眼前。同样地，我们正是通过视角所提供的路径通达事物。

(d) 客观性（objectivité）：所有的视角都是关于某物的视角，是投向某物的视线，它是与事物的关联。客观性并非意味着视角的缺席，而是预设了某种透视（trans-perspectivité）。这并非要把事物相对化，而是要借助视角去触及某种真正的实体。视角并不是一种将事物相对化的媒介，恰恰相反，它令事物获得客观实在性。

(e) 复数性（pluralité）：如果一种视角要求自身为唯一合法视角，那么它就不再是视角主义，因为它否认了其他可能的立场。如果没有其他视角的存在，也就没有了视角。承认事物的存在取决于视角，就等于承认了始终有（至少潜在地）其他视角的存在。视角主义强调了重新审视（ré-vision）的可能性。

威廉·詹姆斯认为，没有任何视点可以将世界作为统一整体纳入眼帘，所有的视角都包含在一个更为广阔的视角之内。[1] 不过，这并不是在假设一种包容万物的视角的存在。透视始终是一个思辨性的论题，不涉及经验层面：我们总是处于一种或另一种视角之中，而不是置身其上或其下；正如不存在一个后世界，也不存在什么后视角。因此，必须接受不同视角的共存这一观念，每个视角都打开了各自的领域，这些视阈之间仅有部分的重叠。这就是莱布尼茨所说的（尽管意义稍有不同）"可能的共存"[2]。

时间的共存、物种的共存、存在的共存

视角主义不仅引发了对认知多元论以及伦理、社会多元论等问题的激烈讨论，还处于其他一些当代理论争

---

[1] William James, *Essais d'empirisme radical*, trad. G. Garretta et M. Girel, Marseille, Agone, 2005, pp. 139 *sq.*；威廉·詹姆斯，《彻底的经验主义》，庞景仁译，上海：上海人民出版社，2006 年，第 134 页以降。

[2] Gottfried Wilhelm Leibniz, *Réponse aux objections de Bayle* [1698], *Die philosophischen Schriften*, ed. Gerhardt, Berlin, 1890, vol. Ⅳ, p. 568.

议的核心。人们以视角主义为论据来改变知识实践中隐含的某些规范，主要体现为三种迁移或扩展，在这里我们仅简要勾勒出这一发展过程的全貌。每一次转变都是对视角的多元化，分别依次体现了时间的共存、物种的共存和存在的共存。

时间的共存

第一次扩展是对"共时"（synchronique）范式的打破，因为从共时的角度来看，视角的多元性仅限于某一时间点。而从时间共存的角度，首先就意味着视角主义并不只是当下的，还是历史的，因此，视角就不只包含共时维度，也包含了历时的维度。毕竟，如果在给定的时刻有无数的观点同时存在，那么这一瞬间的视角只是彗星的头部，它拖着一条向着过去逐渐散逸的尾巴，包含了无数过去的视角。我们可以试着回溯过去，追踪这些令人眼花缭乱的错综变化，或者反过来，尝试从中找到某种途径去照亮那孕育了当下的晦暗深处，理清生成此刻的谱系，正如米歇尔·福柯（Michel Foucault）就曾希望借此写出"现在的历史"。

通过建立这样一种多层次的时间观念，观点问题就不再被简单地归结为寻找"好的观点"——也就是关于特定对象或事件的正确的、可证实的观点——的问题。这个问题长期以来一直纠缠着历史学家，因为他们的优势——即历史距离——也隐藏着弊端，他们必须时时提防和规避时代错误（anachronisme）的出现，也就是在对遥远时代的描述中错误地使用一些与时代背景不相符的范畴。不过，不惜一切代价寻找"时代一致性"，与研究对象保持同步，往往与单纯的时代错误一样成问题，因为没有什么可以证实来自同一时代的资料是阐明一个事件的最佳保障。为什么同时代的人会比后世的人更了解彼此？正是为了打破这种同代性的迷思，马克·布洛赫（Marc Bloch）和年鉴学派（École des Annales）的历史学家才明确反对"反时代错误"（anti-anachronisme）。

图像（image）这种人工制品可以帮助我们更好地理解这种"时代正确"（euchronie：eu-，希腊语εὖ，好的；-khronos，时间）的研究在多大程度上是具有欺骗性的——它只是一种想象中的巧合、关联性和终极"时间同步"（synchronisation）带来的必然结果。没有任何凭据能够为我们建立一种关于图像的"正确"的、决定性的观点。要理解一幅画，是否必须从它所产生的时代的高度来看，或者用与它的创作者相同的视角来看？但为什么说它诞生的时刻就是"对的"时间呢？此外，这个时刻本身也只是一个时间范围，因为我们无法同时见证一幅画的诞生：就算是创作者本人，也要不断反复斟酌、寻找最佳距离，以便更好地注视自己正在画的作品。这样看来，与作品同时代其实是一个极为复杂的概念。那么，是不是应该就此放弃，转而与作品拉开最大距离，以避免其创造者与同时代人的思想的投射，从而保持必要的鉴赏距离、借助历史传播的过滤来重新看待它？可是，我们又该怎样避免后验（a posteriori）观点的投射？现在我们已经明白了：对"时代正确"（*eu-chronisme*）的追求会冒着滑向时代错误（anachronisme）的风险——如果图像只是随着时间的推移显现其功效，那么必须承认，我们不可能为图像限定一个时刻、一个地点，以便于审视其意义。如果说，立于图像之前总是意味着立于时间之前，那么意义本身就经历了内部多元化的转变。①

思考时间的共存，就是为时间地层之间的多元联系创造空间。有很多文学作品和视觉作品都在探讨"复古未来主义"（retrofuturism），也就是过去的某一时代的人们对未来的幻想［蒸汽朋克展现的就是维多利亚时代的科技想象，回到儒勒·凡尔纳（Jules Verne）或 H·G·威尔斯（H·G·Wells）的科幻小说中对未来的描

① 乔治·迪迪-于贝尔曼曾对这种不可避免的时代错误进行过深入讨论，参见 Georges Didi-Huberman, *Devant le temps*, Paris, Minuit, 2000。

绘或者是以另一种类型，以冯索瓦·史奇顿（François Schuiten）和贝努瓦·佩特斯（Benoît Peeters）漫画中的装饰艺术风格的建筑乌托邦为代表]。在这种"过去的未来"视角之外，还加入了"未来的过去"视角，即未来时代的人们将如何理解过去（未来的历史学家会发现哪些属于我们的文明的遗迹？如何想象我们的社会成为废墟后的景象？）。复古未来主义并不是对过去的回顾或对未来的展望，而可以说是一种回溯展望（rétrocipation）——借助多个时间变量的耦合。复古未来主义因此有意地造成年代错误，通过混杂不同规则来迫使当今的观点相对化。通过对时间的穿插混杂，我们要面对的就不仅是轮替的时间：它们同样指向当下的复杂性，因为它们揭示了当下的多维度——不仅包括了未来图景，还同时包括了过去的图像。①

物种的共存

第二次扩展涉及物种间的关系，着眼于展现一种动物学视角、动物的"观点"。这些讨论虽然是围绕当代热点，但核心的问题也不是昨天才提出的。20 世纪初，德国生物学家、哲学家雅各布·冯·尤克斯库尔（Jacob

---

① 参见 Elie During ＆ Alain Bublex, *Le futur n'existe pas. Rétrotypes*, Paris, Éditions B42, 2014。

von Uexküll）已经指出应该将康德的研究结论扩展到人类物种之外。[①] 冯·尤克斯库尔认为，"感知的形式"并不是普遍的，但每个物种都受到其特有的、生物学家称为"主观的"生理结构的限定。根据生理结构、感觉器官的位置，乃至神经系统的不同特征，不同生物的生理视角也有着根本差异。在动物界，视阈开放的角度就存在着极大的差异（蜻蜓的复眼可以看到 360 度无死角，大型哺乳动物平均可以看到 170 度，而大部分深海鱼类和猛禽的视野都非常狭窄）。尤克斯库尔用了"肥皂泡"的比喻来解释视阈的闭合特征，以及相应的动物主体能够看到的所有可见物。[②] 不过，在视阈之外，还有一系列决定性因素的相互作用，塑造了生物的生活环境：体型大小、体态（匍匐、直立）、身体构造（单侧、双侧）、移动能力（植物的相对静止和动物的相对活动）、反应能力等等……总而言之，生理结构首先决定了力场的构成。尤克斯库尔认为，知觉世界（Merkwelt）的构成方式直接影响着行动世界（Wirkwelt），因为只有某些

---

① Jacob von Uexküll, *Mondes animaux et monde humain* suivi de *Théorie de la signification* [1934], trad. P. Muller, Paris, Gonthier, 1965.

② Jakob von Uexküll/Georg Kriszat, *Streifzüge durch die Umwelten von Tieren und Menschen. Ein Bilderbuch unsichtbarer Welten*, suivi de la *Bedeutungslehre*, Hambourg, Rowohlt, 1956, p. 40。

感觉刺激会被记录下来，而另一些则会被忽略。最具代表性的是那只蜱虫的例子，它在吕贝克大学生态园的一棵树上一动不动地待了 18 年，某天自己从树上掉了下来，落在了一只狗身上产了卵。对于尤克斯库尔的蜱虫来说，世界只由三样东西构成：丁酸的气味、哺乳动物血液的温度，以及它们皮肤的质地（见图 1.10）。在原初力的驱动下，不同生物体对周边环境的感知方式有着明显差异，各自看到其特有的机会、兴趣和危险。大多数逃生动物的眼睛位于身体侧面，而捕食者的眼睛通常位于正面；感官优先性也因活动类型而异：如夜间活动的动物通常更依赖声音信号而不是视觉刺激等。一个环境可以由多个物种共享，但每个物种都会根据其特有的节奏、时间和空间尺度，以及对物体恒常现象的不同感知方式而各自进化。司汤达曾经在他的小说中思考夜晚对飞蝇意味着什么："一只蜉蝣在夏日清晨 9 点的阳光下出生，在晚上 5 点就会死去；它又怎么会理解夜这个词呢？"① 这句话的意思是我们要反转视角，站在动物的视角来看世界，其中预设的观点是这个颠倒了位置的存在者在此过程中是保持不变的，但这一假设本身就极不

---

① Stendhal, *Le Rouge et le noir*, in *Œuvres romanesques complètes*, Paris, Gallimard-Pléiade, 1952, t. I, p. 692.

图 1.10 雅各布·冯·尤克斯库尔《动物和人类世界的
探索：看不见的世界绘本》插图，见 Jakob von
Uexküll/Georg Kriszat, *Streifzüge durch die Umwelten
von Tieren und Menschen. Ein Bilderbuch unsichtbarer
Welten, suivi de la Bedeutungslehre*, Hambourg, Row-
ohlt, 1956, p. 59。

确定。对相同实体的划定本身就有着极大差异。苍蝇的眼睛每秒钟能够感知到 250 帧图像，而乌龟的眼睛仅能看到 15 帧，因此，不同生物对事物恒常性的感知将大不相同（此外，值得注意的是，生物体每秒感知的图像越多，其寿命预期就越短）。感知对象的无常性早已是昆虫行为学的一个重要研究主题：一只苍蝇落在蜘蛛网上，根据它所处位置的不同，蜘蛛感知到的对象是不同的。因此，对于十字圆蛛（一种常见的蜘蛛，以能够织出完美的华丽蛛网而闻名）来说，这位捕食者不会在网中央等待猎物，而是在网的上方用蛛丝连接的叶子造了一个客厅，从客厅高高在上地俯视蛛网。在一项研究中，汉斯·沃尔盖特（Hans Volkelt）记录了蜘蛛在有昆虫接近时的三种不同行为。① 如果一只苍蝇落在网上的某个位置，十字圆蛛会立即降落下来，吐丝将猎物包裹在茧中。如果苍蝇落在网心之外，例如没有落在形成同心圆的网上，而是在侧面的蛛丝上，蜘蛛就不会作出反应。如果昆虫恰好落在它客厅的屋顶上，蜘蛛就会在恐慌中仓皇逃窜，一走了之。一只蜘蛛在苍蝇面前仓皇逃窜？我们的诧异只是因为将自己所认为的不可改变的

---

① Hans Volkelt, *Über die Vorstellung der Tiere. Ein Beitrag zur Entwicklungspsychologie*, Leipzig/Berlin, 1914, 尤其是 pp. 15 - 20, pp. 53 - 59。

身份投射到了其他物种身上。沃尔盖特的实验试图揭示这样一个事实，那就是"苍蝇本身"并不存在；对象的身份并非某种不争的事实。[①] 毕竟，除了物体的"客观性"问题之外，还有生物的感知模式及其具有的超越人类理解范围的意义。如果整个蜘蛛网的振动就是视觉传感器感知到的对象，那么作为人类感知基础的图形和背景之分可能没有人们想象的那么普遍。

尼采在揭示人类将自己禁锢其中的许多想当然的执念时，已经提出了此类质疑，显然人一方面假定在他出现之前这个真实的世界已然存在；但另一方面，他又用自己的形象、以自己为参照物来理解这个世界。"如果他能够逃出这种信念的狱墙，他的'自我意识'就会立即土崩瓦解。他甚至付出了极大的代价才认识到，昆虫或鸟类感知到的是一个与人类知觉中的世界样貌完全不同的世界。"[②] 让我们强调最后一个细节：这个世界的样貌完全不同，但并不是另一个完全不同的世界；这些不同的存在者共享的确实是同一个世界，但它们与这个世界的关系却是迥然异质的。

----

① 在这一点上，全新的面向对象的哲学（objet-oriented-philosophies）则显得过于单纯。

② Nietzsche, *Vérité et mensonge au sens extra-moral*, 1, OC Ⅰ. 2, p. 285；KSA 1, p. 884；尼采，《论非道德意义上的真理与谎言》，见前揭。

总之，物种间的关系证明了我们有充分理由来提出一种更广泛的生物视角理念。正如尤克斯库尔所说，每个生命体都被禁锢在它的"肥皂泡"中。视角原则不仅是只对人类有效的决定性原则，生物证候学和动物行为学等各项研究整体表明，视角原则是整个有机自然界遵循的普遍规律。

存在的共存

有人提出，视角主义不应仅限于有生命的有机自然，而应包括所有存在。人类学已经为这一领域做好了准备，这门科学长期以来一直在研究各原始民族保留下来的不同宇宙观中体现出的不同视角，列维-斯特劳斯（Lévi-Strauss）甚至将"视角的互逆"（réciprocité des perspectives）——换句话说，就是不同行动者与世界之间无止境的镜像游戏——作为神话思维的典型特征之一。视角主义对研究美洲印第安人文化的人类学家来说是一个突出的主题，例如在大湖地区欧及布威族（Ojibwés）印第安人的本体论中，月亮、燧石、贝壳、风、雷等异质的存在都分别体现出人的特征，在亚马逊地区的文化中也有视角主义的踪迹。在最近的研究中，比较有代表性的是爱德华多·威维洛斯·德卡斯特罗（Eduardo Viveiros de Castro）对这些立场作出的系统性表述，他的宇宙态（cosmo-morphe）观点主义理论引发了多方讨论。①

　　亚马孙丛林中的方向感与求生需要或许是这种多视角世界观的理念源头，为了追到猎物或躲开美洲豹等捕食者的威胁，人们必须学会通过其他视角看世界。具体来说，这意味着去理解为什么亚马孙部落的人们认为美洲豹不能像人类那样看到血液，因为在它眼里这就像是木薯啤酒。这对于最近出现的威胁也同样适用：在"天花之母"眼里，人类与貘或野猪一样，都是可以吞噬的猎物。因此，存在就意味着有能力放弃自己的视点、站在他者的立场——可能是美洲豹、敌人，或是神祇。这并不是将其限定为人类主体特有的一种能力，与此相反，这一理论认为宇宙中所有存在都具有形成视点的能力："所有存在都处于各自意向性的中心，他们通过其他存在的特征和他们各自的力量来理解其他存在。"② 这样，将人类与其他存在系于一体的，并不是他的"动物"本性，正相反，人类不过是"主体"的一般形式中的一种。每个存在都被赋予了其特有的视点，甚至可以

①　Eduardo Viveiros de Castro, *Métaphysiques canibales*, trad. O. Bonilla, Paris, PUF, 2009. 转引自 Eduardo Viveiros de Castro, «Perspectivisme et multinaturalisme en Amérique indigène», *Journal des anthropologues*, 138 - 139(2014), pp. 161 - 181。

②　Eduardo Viveiros de Castro, *Métaphysiques canibales*, 见前揭, p. 20。

说，独特的视点正是每个存在作为存在的体现和依据。渐渐地，人类主体被剥夺了视角主义的特权：并不是因为我们是主体才拥有视点，而是正因为我们有视点，我们才成为主体。宇宙不是别的，正是由不同的视角构成的整体。威维洛斯·德卡斯特罗正是以这样的理论，来批评被他称为个人视角主义的观点——在他看来，这是西方思想中对于视角问题的主导观点。如果把视角假设为不可简化、个人性的东西，这就意味着必须确保它们所指向的对象［即弗雷格的所指（Bedeutung）］确实是同一个，尽管指涉对象的方法不同；多元自然主义的视角主义与此恰恰相反，认为所有存在者之间的"共同可达性"和"内在可交流性"是普遍存在的，但其对应的语词所指的对象却各不相同。换句话说，不是去试图判断识别同义性（不同意向性共同指向一个唯一的、相同的意义），而是解释同音异义性（不同行为者在谈到唯一且相同的对象时具体所指的事物并不相同）的问题（见图 1. 11、1. 12）。

威维洛斯·德卡斯特罗强调的这种亚马孙文化视角主义研究方法及其哲学影响，与某些视角主义形而上学理论——例如阿尔弗雷德·诺斯·怀特海（Alfred North Whitehead）的形而上学——部分重叠。怀特海致力于重新思考存在的共存，从一种以普遍视角主义为基

图 1.11 亚历山大·罗德里格兹·费雷拉（Alexandre
Rodrigues Ferreira）的远征笔记，Jurupixua 部族印第安人
穿着豹皮，面部画满图案，收入 *Viagem Filosófica pelas
Capitanias do Grão Pará, Rio Negro, Mato Grosso e Cuibá,
1783 - 1792*，收藏于巴西里约热内卢，国家图书馆，费雷
拉馆藏中的人类学藏品 Caisse 1 - Folio 4。

图 1.12 戴着动物面具的 Jurupixua 部族
印第安人，1787 年若阿金·何塞·科迪纳
（Joaquim José Codina）在跟随葡萄牙博物
学家亚历山大·罗德里格兹·费雷拉的
"哲学之旅"远征期间创作的水彩画，收入
*Memory of Amazonia. Alexandre
Rodrigues Ferreira and the Viagem
Philosophica in the captaincies of Grão-
Pará, Rio Negro, Mato Grosso and
Cuyabá, 1783 - 1792*, éd. M. L. Rodrigues
de Areia, Maria Arminda Miranda &
Thekla Hartmann, Coimbra, Museu e
Laboratório Antropológico da Universidade
de Coimbra, 1994, pl. XⅫ。

础的形而上学出发，跳出现有的物理、心理或有机体的区分方法。在这样一种形而上学中，所有存在都以自己的生存为目标，并且为了确保其生存（这意味着充分融入先于自己的存在以及自己周边的存在），它在周围创建了一个知觉系统，或者更准确地说，一个稳定的"把握"（préhensions）。"把握"这个词是怀特海在《过程与现实》（*Process and Reality*）中提出的，用来避免任何心理化的倾向：它既不是"意识"也不是"知觉"，而是某一存在者对周边围绕着的一切事物的接触，无论远近，因其涉及其存在的本质利益而与之相关。[①] 一个生物能够"把握"水、空气和碳——水母通过在水中的游动，植物通过调整叶子的方向，一块石头也能够"把握"它落脚之处的地质环境，埃及金字塔将会"把握"拿破仑的士兵，每个存在都以自己的方式、"以自己的方法"把握世界，这就解释了为什么人们认为怀特海的形而上学等同于一种风格主义（maniérisme）（德勒兹甚

[①] Alfred North Whitehead, *Procès et réalité. Essai de cosmologie* [1929], trad. D. Charles, M. Elie, M. Fuchs, J.-L. Gautero, D. Janicaud, R. Sasso et A. Villani, Paris, Gallimard, 1995. 同样参见 Didier Debaise, «La fonction du concept de perspective dans *Procès et réalité*» dans *Perspective. Leibniz, Whitehead, Deleuze*, B. Timmermans（éd.）, Paris, Vrin, 2006, pp. 55 – 70。

至把怀特海称为"新巴洛克"思想家）。怀特海对莱布尼茨单子论的修订——除了一点，在他看来，单子处于永恒的生成之中——为当前有关思想的去人类化（désanthro-pologisation）问题的辩论提供了重要的概念资源。

我们将要提到的第三个研究领域涉及"客体间性"（interobjectivité）。这是布鲁诺·拉图尔（Bruno Latour）早年提出的一项假设[1]，最近被面向对象的本体论（object oriented ontologies）再次引用。这个理论的出发点是：物与我有关，正如我与它们相关一样，但物之间也彼此关联。[2] 在宇宙中发生的所有相互作用中，人类主体和物之间的相互作用只占了极其微小的一部分，占主要部分的是物与物之间的相互作用：一片叶子与一缕阳光相互影响（这将令它维持生存）或者与火相互起作用（火会摧毁它），当它被一头奶牛吃掉时，它会维持奶牛的生存，当它连同其他叶子一起被一把扫帚扫走，它会构成一种叫作一堆叶子的东西。这种客体间性在智能互联、智能家居和智能城市中体现得尤为突出。但这

---

[1] Bruno Latour, « Une sociologie sans objet? Remarques sur l'intero-bjectivité» *Sociologie du Travail*, vol. 36, n° 4(1994), pp. 587–607.

[2] Graham Harman, *Guerilla Metaphysics. Phenomenology and the Carpentry of Things*, Chicago, Open Court, 2005, p. 67.

是否意味着宇宙中99.999 999 9％的相互作用都是客体之间的交互，没有任何主体的干预？在这个问题上，人类学领域对万物有灵论的研究就清楚表明了为什么人们对主客体的划分本身就具有不确定性。

　　并非出于偶然，近年来这些试图脱离人类中心视角的作品都受到了文学领域类似的实验的启发。我们可以看到某种拟人文学传统的复兴，即以文学手法令无生命的物"开口言说"，例如，有一部理论小说就是从石油的视角出发讲述中东地区发生的事件，而另一部电视剧则巧妙地邀请观众置身于人形机器人的视角，而非人类角色的视角之下。[①] 这类尝试在当代文学，尤其是在科幻小说中早有先例。弗兰克·赫伯特（Frank Herbert）在他的传奇巨著《沙丘》（*Dune*）的一卷中描写了一位厄崔迪王朝的后裔雷托实现了人类与沙丘星球的终极合体，他的身体因此经历了漫长而无情的蜕变：阿拉基斯星球特有的沙鳟开始一只只附着在雷托的皮肤上，慢慢化为鳞片，将他的身躯全部覆盖，只露出面庞。在这一卷中，作者将前几卷中很多颇具特色的叙事元素略去不表，

---

① 转引自 Reza Negarestani, *Cyclonopedia. Complicity with Anonymous Materials*, Melbourne, re: press, 2008。文中提到的剧集为《西部世界》（*Westworld*），由（乔纳森·诺兰）Jonathan Nolan 和（丽莎·乔伊）Lisa Joy 创作，HBO 电视台 2016 年出品。

而用了大量笔墨来描绘这一变异过程的内部体验，描绘这位神一皇的身体如何逐步演化为一只庞大的沙虫，获得绵延几公里、近乎不朽的身躯。①

　　另一些小说没有从生理的角度，而是选择从思想和思维框架的角度来设想这一改变。威廉·戈尔丁（William Golding）的实验小说《继承者》（*The Inheritors*）即是如此。戈尔丁在他的经典著作《蝇王》（*Sa Majesté des Mouches*）发表之后不久就出版了这本《继承者》，他在书中以一群尼安德特人的视角描绘了这个处于前逻辑阶段的种群如何应对与另一群更为先进的种群之间的斗争，并最终被其消灭。② 小说《丛林回忆录》（*Mémoires de la jungle*）也采用了同样的角度。③ 作者崔斯坦·加西亚（Tristan Garcia）在这部小说中向我们展现了一只在人类社会中长大的黑猩猩的独白，它学习了人类语言的基本知识，并以此描述了自己回归自然、回到同类身边的过程。这部小说的核心意义正在于这种语言实验，因为它并不是对语言的超越，而是从内部对语言的去中心化；不是把人类"猿化"，而是"仿拟"语言，将语言去人类化而体现出动物性。

---

① Frank Herbert, *God Emperor of Dune*, New York, Putnam, 1981.

② William Golding, *The Inheritors*〔1955〕, New York, Harvest, 1963.

③ Tristan Garcia, *Mémoires de la jungle*, Paris, Gallimard, 2010.

这些"启蒙小说"（romans d'initiation）继承了浪漫主义教育小说（Bildungsroman）的优秀传统，又同时开创了"反启蒙"（désinitiation）小说的先河。它要求我们忘记、摆脱根深蒂固的文化偏见，甚至抛弃"人类是唯一有思考和情感能力的动物"这样的观点。维特根斯坦曾对这样的思辨实验作深入探讨，他邀请读者想象另一种文化，其中认为只有无生命的物才具有感知痛苦的能力（"让我们设想一种情况，其中人们只说有无生命的东西能感受到疼痛"①）。

当然，所有这些实验都有其局限性，我们也可以自问，这些"非人类"场景的构建又在多大程度上不是扎根于特定的视角……人类的视角。如果人们对现实主义的理解就是假设我们无法用人们对现实的体验来定义现实，那么现实主义恰恰是保证想象的投射不仅仅是一种思维活动的必要前提。正是因为存在着一种无法被还原为我的经验的现实，我才能希望通过想象来超越自己的现实。不过，毫无疑问这一切都预设了太多的前提，而视角变化本身并不能保证思想的"去人类化"，恰恰相反，一些观点有力地证明，通过想象虚构他者的立场（不管是另一个时代的人类主体、另一种生物还是某种

① 维特根斯坦，《哲学研究》，第 282 节。

无生命的物体）去思考的能力，恰恰证明了人类的特别之处，因为相信现实本身并不局限于我们自己的观点这一点，可能正是人类这一种群所独有的能力。人类在地球生命发展史上出现的很晚，而相信现实的独立存在——对现实的"发明"①——的先决条件就是对自身视角的清醒认识。在这一前提下，视角转换的游戏、所有为超越人类自身局限而作出的思辨想象，都反过来再次印证了人类视角主义的某些基本特征。

到了这一阶段，是时候回过头来思考爱德华多·威维洛斯·德卡斯特罗提出的思想实验，他以全然不同的方式，切断所有向他者身上的"投射"。他表示，这样做的意义就在于强调从某种程度上来说，"人性"并非人类的专属，所有存在都可以将自身视为（或者被视为）一个人格化主体，有着特定外观或人类的外形。因此，人性并非代表了某种本质或特质，而是一种形式。如果说，在一般情况下，人类会把其他人类看成人，把动物看作动物，把鬼神看成鬼神，那么动物和鬼神在彼此的眼中，却会是人类："在他们自己的家或村庄里，他们在彼此的眼中是具有（或化为）人形的，并且也会

---

① Étienne Bimbenet, *L'Invention du réalisme*, Paris, Cerf, 2015.

以各种文化类别来理解彼此的行为和性格特征。"① 菲利普·德斯科拉（Philippe Descola）指出，这种视角主义必然嫁接在某种万物有灵论之上，但又在常规的万物有灵论基础上增加了一层复杂性。不是简单地赋予所有存在一个"灵魂"（或者说内在性或意向性），这种万物有灵论视角穷尽了一个包含两个变量的矩阵中的所有可能的组合方式：如果说在人类眼中，他们彼此具有人的形象，而非人类具有非人类的形象；那么在非人类存在的眼中，它们彼此都具有人的形象，而人类则必然呈现出非人类的形象。然而，尽管理论上存在这种可能性，但在实际上，人类学家在田野考察中极少观察到这种情况；人类学家的实地调研结果显示，视角的对称反转是非常罕见的情况，在大部分已知文化中，在非人类存在的眼中，人类都是以人类的形象存在的。② 自然多元论视角并没有分散人类的特权，而是扩大了其基础，令所有存在都享有同样的"人"的特权。

此外，所有试图脱离人类中心主义的思想模式的创

---

① Viveiros de Castro, «Les pronoms cosmologiques et le perspectivisme amérindien» in *Gilles Deleuze. Une vie philosophique*, É. Alliez (dir.), Paris, Les Empêcheurs de penser en rond, 1998, p. 431.

② Philippe Descola, *Par-delà nature et culture*, Paris, Gallimard, 2005, pp. 248 *sq*.

新都力图打破这一局限：对自身认识能力的某些必要前提的遗忘，令后人类主义（posthumanisme）成为一种最彻底的人类中心主义。脱离人类中心主义的欲望，难道不正是人类自诞生以来一直如影随形的目标？在目前的辩论中，无论人们希望采取何种立场，毫无疑问，问题涉及的领域的扩展都应伴随着相应的历史跨度的延长。反思，尤其是围绕思辨诗学的反思，无论如何都会受益于其历史跨度的扩大，从而把美学和文学领域的当代实验放在更久远的历史传统中来考量，例如，11 世纪的伊本·西那（Avicenne）曾想象一个"飞人"，因为没有肉体存在而完全无法感受到自我；还有罗马的吉勒（Gilles de Rome），这位 18 世纪的神学家想象了说天使的语言会是怎样的体验。除此之外，目前关于新现实主义的讨论，自诩超越了意识的主观性以及本位主义视角，如果不是回避了对"视角"（perspective）这个词的意义的进一步反思，本应得偿所愿。事实上，将人文主义和视角主义等同起来的这个观点是最近才出现的：人们太快地忘记了，从 16 世纪到 18 世纪，对于当时无数的科学家来说，perspective（视角/透视）这个词，首先指的是暗箱中使用的机械装置——因此与人并没有直接关系。对于把"暗箱"喻为理想的认识模式的弗朗西斯·培根和克里斯蒂安·惠更斯（Christian Huygens）

来说，真正的视角既不是人类学的，也不是几何学的，而是光学的——斯韦特兰娜·阿尔珀斯（Svetlana Alpers）在她的书中很好地阐述了这一点。[①]

中心偏移的视角

然而，中心透视法真的是视角的唯一表现形式么？在西方文化语境之外，一些去中心化的，甚至跳出了所谓"现实主义"再现原则的观看形式的存在，支持着我们对这一观点的质疑。因为除了"中心"透视法之外，实际上还存在着各种其他形式的透视法。我们甚至可以推测，中心透视法的光学原理一经发现，当时的画家就已经尝试着去改变，甚至对它重新提出质疑了。所以正是出于这个目的，而不是别的什么目的，皮耶罗·德拉·弗朗切斯卡才会在写《论绘画中的透视法》（*De prospectiva pingendi*）介绍视角的几何原理的同时，还在湿壁画创作中故意打破自己在书中确立的原则。17世纪绘画——大约在荷尔拜因和委拉斯贵支之间的阶段——特别讲究这种变形游戏，使用了各种巧妙手法，利用反向、颠倒的视角，变形影像等手段进行艺术造

[①] Svetlana Alpers, *L'Art de dépeindre. La peinture hollandaise au XVIIe siècle*, trad. J. Chavy, Paris, Gallimard, 1990[1983].

型，构成了一种独特的"奇趣视角"（perspectives curieuses）风格。这也是尼息隆神甫（Nicéron）的一本著作的名字①，这本书简直是一部奇趣视角的宝藏，在书中的一幅版画插图中，尼息隆介绍了利用镜子达成变形效果的方法：仿佛是为了向读者证明，视觉从来都不是自然的、不是先天给定的，他想象了一种能够架在隐藏的折叠图像之上的装置，借助锥形镜展开并重组图像（见图 1.13）。在这里，秘诀依然是要找到理想的视点，只要沿着锥形镜的斜面斜向看过去，图像就魔法般旋转起来，面孔就会出现。

所有这些策略的共同点是都阻碍了直接识别机制，破坏了由阿尔贝蒂式的绘画空间构成的惯例，切断了基于单一原则的感知。这种矫饰主义风格，以及紧随其后的巴洛克风格，都钟情于隐藏的、矛盾的多义形象，在这类图像面前，观看者会发现一个图像背后可能隐藏着另一个图像。顺便指出，17 世纪当巴洛克风格出现时，很多批评者就是以捍卫数学真理的名义这样去做的，不过这一模式与中心透视法相去甚远，例如亚伯拉罕·博斯 1665 年在《论几何学与视角实践》（*Traité des pratiques*

---

① Jean-François Nicéron, *La Perspective curieuse ou Magie artificielle des effets merveilleux de l'optique*, Paris, P. Billaine, 1638.

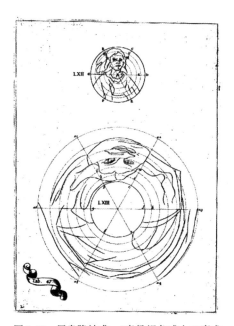

图 1.13 尼息隆神甫，《奇趣视角或人工魔术神奇的光学效果》（*Jean-François Nicéron*, La perspective curieuse ou Magie artificielle des effets merveilleux de l'optique, *Paris, P. Billatne*, 1638,1652 年再版，插图 47）。

géométrales et perspectives）中描述的。博斯采用了德扎尔格（Desargues）提出的透视方法，通过他在皇家画院开设的透视法课程正式将几何学引入了视觉艺术领域。但这种几何学不同于中心透视原理，它建立在另一种重要的投影方法——平行透视基础上。

平行视角有着多种形式，其重要性不仅体现在几何投影这个广阔领域，还在建筑绘图、工业设计、几何学、3D可视化、虚拟物技术等领域里都起着至关重要的作用。通常焦点透视或圆锥透视是以观察者的眼睛为中心，也就是以距离感知为中心的，而平行透视则与此相反，它可以保留物体的原有比例、角度、距离及密度等特征。它的特殊之处在于，与中心透视法相反，平行透视的各条透视线永不相交。最常见的平行透视是轴测透视（perspective axonométrique），它是由感知线与同名平面的夹角所形成的观察角度来定义的。几何学家随后根据观察角度的不同把轴测透视进一步区分为正交轴测透视（orthogonale）、等距轴测透视（dimétrique）和正等轴测透视（isométrique），更重要的是，还有另一类与正轴测透视对立的平行透视，人们称之为斜轴测透视（perspective oblique，也称 perspective cavalière），后者的投影平面不像前者那样垂直于投影方向，而是垂直于由对象提供的方位轴。不管是正轴测透视还是斜轴测透视，这两种方法都不再利用缩短视距的方法形成透视效果，而是借助一个平行系统，实现成组变形，可以根据需要改变观察对象的角度。此外，某些图像还可能形成多稳态视图，同一对象在观察者眼中呈现出的不同侧面连续叠加在一起，例如著名的奈克立方（见图1.14）。

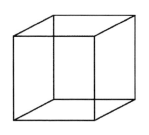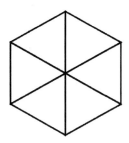

图 1.14 奈克立方

深度标记的缺失会造成图像本质上的不稳定，在第一种情况下，视线在俯视和仰视之间切换；而在立方体对称图中，包含的可能性则更多，这就产生了经验主义心理学中备受推崇的多稳态图像。

平行透视的发展在所有超出日常视角范围的可视化技术中发挥着核心作用：奈克立方是不稳定的，因为它缺少了对可感物体来说必不可少的表面密度（我们无法像看几何透视图那样透过表面去看一个木质立方体）。不过，这并不意味着可视化的对象永远是与经验世界脱离联系的。军事建筑设计图就是最好的反例，要考虑如何把整个建筑群置于某处地形中，必须采用一种人们在日常生活中从未用过的视角（见图 1.15）。

某种程度上来说，军事建筑遵循了另一种传统——这种方法有时被视为傲慢自大的，因为它试图呈现神圣的视角。因此，在巴尔达萨雷·佩鲁齐（Baldassarre

图 1.15 托马斯·德·鲁（Thomas de Leu，版画家），一座理想城市的透视图，参见 Jacques Perret, *Des fortifications et artifices, architecture et perspective*, Paris, 1601。

Peruzzi）1530 年设计的著名的罗马圣彼得大教堂的平面图中，通过正轴测图，我们可以从空中俯瞰的视角清楚地看到整个建筑的内部构成、整体结构以及建筑体积。与这种高高在上、无所不知的神圣视角相对立的，是另一些建筑师创造的人类之下的视角："地狱视角"就是其中一例，这种自下而上的仰视视角，有时甚至低到了地面上，它是由桥梁、河堤设计师奥古斯特·舒瓦奇（Auguste Choisy）在 19 世纪末发明的。这种观看方式不再暗含任何神圣权威，甚至与此相反，它还表现出恶作剧般下流的一面，展示出潜身于女士裙裾之下窥视的视角。舒瓦奇在为君士坦丁堡圣索菲亚大教堂画的平面图中，仅用一张图就将平面图、剖面图和立面图一气呵成。他的创造也启迪了 20 世纪建筑的某些可视化手法，例如威尔弗德-斯特林建筑师事务所（Wilford Stirling）在正等轴测视图中使用的"蠕虫视角"（worm perspective）。（见图 1.16）

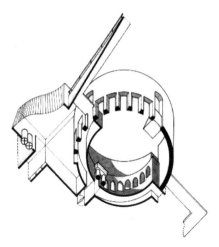

图 1.16　詹姆斯·斯特林（James Stirling）和迈克尔·威尔弗德（Michael Wilford）建筑师事务所，斯图加特国立美术馆自下而上的正等轴测视图（蠕虫视角），1977—1984，纸上墨水笔、石墨和彩色铅笔画，28.5 cm×27 cm，感谢 James Stirling/Michael Wilford 基金会慷慨供图，收藏于加拿大蒙特利尔，加拿大建筑中心。

图 1. 16 绘制的并不是现有的建筑结构，而是对未来项目的可视化，因此，斯特林和他的同事们只保留了核心要素，以更好地突出形式、空间和运动之间的关系。

轴测投影法所经历的众多发展，包括正交、等距和正等轴测投影等不同的投影方式，归根结底都属于投影的"语言"问题，因为每个透视系统都是由一系列基本架构原则和众多内部"语法"决定的。在制图学领域也有同样的问题。地球测绘制图的历史表明，人们可以尝试通过改良的投影模式将两个方面统一起来：长期以来，人们在绘制世界地图的时候分别使用过圆柱投影、圆锥投影或方位投影法，这三种方法各有利弊，不管是顾全表面、角度还是距离，其他变量都会随之变形。后来出现了不少所谓的综合投影法（例如温克尔三重投影法 Winkel-Tripel），试图以折中的方式减少角度、面积或距离的偏差，从而更准确地描绘地球表面的样貌。但不论选择哪种综合方法，即使经过改良，投影术也始终还是投影术。可以看到，制图家面临着与画家相同的难题，因为这里采取的视角是人类在正常情况下永远无法实现的视角，那就是太空视角，即从太空中观察地球的视角。但是，尽管自从人类征服太空以来，开辟了更为广阔的视野，正如加加林在他的太空日志中描述的那样，但这些新发现令一些人类原有的现象学经验面临着危机，例如"作为原初方舟的大地"是否"静止不动"①，这些问题早在文艺复兴时期的一些制图学想象中就已经初露端倪：地图上的东方究竟是一个特定的区域，还是根据地图所描绘的主要领土所预设的唯一视角，不管它是来自月球的视角，还是来自其他星球？又或者，地图本身是不是包含了特定视角，由它来指示界域和方向？如果是这样，那么制图师还是要在不同投影法之间作出选择：根据地球中央的所在［即球心投影（projection gnomonique）］，或根据两极所在［也就是所谓的球面投影（projection stéréographique），视点位于地球表面上，与经过这一点的相切投影平面相对］，又或者是将视点置于无穷远处［正交投影（projection orthographique）］。这些投影法中的每一种都会根据一定的系数使地球表面产生一定程度上的弯曲：斜轴侧投影会令角度产生扭曲，横向投影只能够在 90 度角范围内进行忠实描绘，切割投影意味着将地球切分，正弦投影则是一种折中之道……此外，还有那些由伟大制图师［墨卡托（Mercator）、朗伯（Lambert）等］提出的特殊

----

① Edmund Husserl, *La terre ne se meut pas*, trad. D. Franck, Paris, Minuit, 1989.

投影法构成的折中之道。

因此，制图有时是解辖域化（déterritorialisation）和再辖域化（reterritorialisation）的载体，因为人们选择的视点从来都不是中立的，当然，对地图中心的选择就更加不是中立的了。这一点在不同制图传统的比较中一览无余。如果说今天以大西洋为中心的欧洲制图标准通行全世界大部分地区，但在世界其他一些地方，我们还是能够看到一些制图师打破了这一视觉传统，例如斯图尔特·麦克阿瑟（Stuart McArthur）的"纠正"地图，他把地球上下颠倒，将自己的家乡澳大利亚放在了地图正中。因此，任何位移的效果在很大程度上取决于语境，我们从这些来自亚洲的古老地图上就可以明显看到这一点，只有在习惯了以欧洲为中心的制图惯例的观众眼中，它们才有去中心化的效果。

通过对欧洲以外地区的视觉文化更密切的关注，我们发现透视问题不仅包含了对中心的确立，还与制图和绘画中所使用的投影类型有关。事实上，在中国和日本的传统绘画中，以平行投影和鸟瞰图相结合的方式描绘城市景观的例子不计其数（见图1.17）。图中没有假设某种一旦确立就不可动摇的理想观点，而是反过来假设视角是可移动的，是沉浸在场景之中，沿画中景物的轮廓游移的。在17世纪欧几里得的《几何原理》被耶稣会

图 1.17 （宋）张择端，《清明上河图》局部，平行透视，该图像来自 1737 年四位清代画家仿制的摹本，收藏于台北故宫博物院。

传教士翻译介绍到中国之前，中国画家就已经对中心视角进行了尝试：史籍记载，早在 10 世纪就已经出现了此类绘画，例如五代宋初画家李成笔下"写实主义的"微缩景观，虽被誉为平远，但远非普遍潮流。恰恰相反，人们对此的敌意是显而易见的。公元 1080 年代，宋代学者沈括就认为，从"低处"描绘事物是一个"严重的错误"，因为这样做会过快地阻碍视线，而绘画的本意是让视线浮动，让它贴近万物。"画山水的正确方法是以大观小，就像在花园里观赏假山一样。"① 总之，根

---

① 转引自 Joseph Needham, *Science and Civilization in China*, Cambridge (Mass.), Cambridge University Press, 1971, p. 115。

据汉学家李约瑟（Joseph Needham）的记载，中国文化中确实存在对投影的多种可能形式的反思。

几何学、工业设计、制图学——所有这些视角都脱离了日常经验的范围，但如果我们将其称为可视化技术或科学可视化手段，将犯下严重的错误，因为它们最主要的应用领域是各类艺术领域。除了中心投影法之外，历史上还出现过许多其他投影方法，既出现在远东，当然也出现在世界其他地方。

平行透视法在西方绘画艺术中的出现和发展是伴随着明确的理论化过程逐步展开的。毫无疑问，它并不是所谓的"艺术的童年"或形象化的初始阶段，后者只是人们为了方便而讲述的故事，为了强调文艺复兴时期发现的线性透视法开创的全新阶段。这只是一种概括性的叙述，威廉·霍加斯（William Hogarth）在《对错误视角的讽刺》（*Satire sur la fausse perspective*，1745）中就用它来取笑那些无法创造深度幻觉的艺术家。不过，马西莫·斯科拉里（Massimo Scolari）在他开创性的作品《斜视图画》（*Oblique Drawing*）中表明，平行透视法在公元前 4 世纪就已经在西方出现。[1] 即使在文艺复

---

[1] Massimo Scolari, *Oblique Drawing. A History of Anti-Perspective*. Introduction par James S. Ackermann, Cambridge/London, MIT Press, 2012.

兴时期中心投影的主流之下，平行透视法也是一直存在的，例如列奥纳多·达·芬奇和科雷尔古籍（Codex Correr）中的许多绘画作品所证明的那样。最后，我们也不能忘记，除了平行透视法，还有平面透视法（perspective rabattue）的存在，其中的绘画元素仿佛都被平铺在地面上，埃及壁画中就有很好的例证，例如图1.18中十八王朝尼巴蒙之墓中的花园图。

图 1.18　尼巴蒙花园，墓穴壁画局部，第十八王朝或第十九王朝，收藏于英国伦敦，大英博物馆，BM 37983。

我们显然可以自问，平面透视法是否代表了一种更人性化的视角，还是因为这种方块化的构图和视角让我们逐渐习惯了一种"扁平本体论"，因此是一种非人化的视角。毕竟，我们也可以怀疑，这种扁平化实际上代表了最崇高、最完整的统治形式。不管怎样，在 20 世纪，艺术先锋派更倾向于将轴测法视为更平等的视觉法则，能够囊括所有物体，而不考虑观看者的因素。[1] 最突出的例子就是德斯太尔抽象画派〔De Stijl，如凡·杜斯堡（Van Doesburg）、J. J. P. 奥德（J. J. P. Oud）、格里特·里特维尔德（Gerrit Rietveld）〕的实验性作品。1925 年，曾任《De Stijl》杂志编辑的埃尔·利西茨基（El Lissitzky）提出，中心透视法发明了有限的空间，而包括俄罗斯至上主义在内的新先锋派艺术家的目标则是使其无限化。"至上主义将视觉金字塔的尖端重新退回到无限……因此，它创造了终极幻觉：向背景或前景的无限延伸。"[2] 利西茨基说，在平行透视中，

① 参见 Yve-Alain Bois, «Metamorphosis of Axonometry», *Daidalos* 1 (1981), pp. 41 – 58, 以及 «Avatars de l'axonométrie», *Archithèse* 2 (1982), pp. 11 – 16。

② El Lissitzky, «K. 〔= unst〕 und Pangeometrie» 〔Art et Pangéométrie〕 (1925), in *Europa-Almanach*, C. Einstein et P. Westheim (éd.), Potsdam, 1925, p. 107 (nous traduisons).

空间是特异性的（atopique），同时又是多态的，因为物体可以绕着某一固定轴旋转，不断展现新的侧面（见图1.19）。

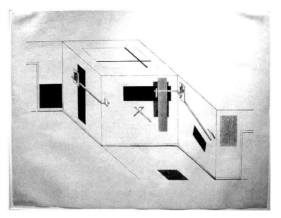

图 1.19　埃尔·利西茨基，1923 年柏林艺术大展上展出的装置作品 Proun Room 的轴侧投影图，编织纸上石版画，44.3 cm × 55.9 cm，*Kestnermappe Proun*，Hanovre，1923,6 号。

总之，视角的重要性令我们对再现问题的讨论不得不发生转移，从对给定事物、场景或事件的再现，转向作为表演的再现：透视性不仅仅是针对同一对象的多元视角问题，更是让我们提到的对象在现实中莅临的一种方式。除此之外，外观从根本上超越了存在维度，因为人们可以很好地将"自然界中"永远不会存在的物体进行透视渲染。不仅如此，我们甚至必须给它们一个透视图，让它们出现〔奥斯卡·罗伊特瓦德（Oscar Reutervärd）或罗杰·彭罗斯（Roger Penrose）等艺术家在这一方面做出了重要探索〕：虽然摆脱了物理上的不兼容定律（一个地点不能容纳两个不同的物体），但这些被命名为"不可能之物"（objets impossibles，不可能，因为它们是自相矛盾的）的物体仍然严格遵守着透视造型法则（见图 1. 20）。虽然外表简单，但创作这些"不可能之物"通常需要高超的技术，在罗伊特瓦德和彭罗斯之后，典型的例子就是 M. C. 埃舍尔（M. C. Escher）所画的视觉迷宫。

扩展的透视原理也同样被用于电影创造的虚拟空间，帕特里斯·曼尼格利耶（Patrice Maniglier）对这一点做出了清晰阐述：当人们试图在三维空间中重现罗曼·波兰斯基《罗斯玛丽的婴儿》（Roman Polanski, *Rosemary's Baby*）中作为主要场景的公寓时，会发现所有的正反打镜头组成的场景是一个物理上不可能存在的、充满矛盾的空间。[1] 曼尼格利耶因此得出结论，这里使用的应该是一种"魔鬼的"（diabolique）视角，回

---

[1] Patrice Maniglier, *La Perspective du diable. Figurations de l'espace et philosophie de la Renaissance à 'Rosemary's Baby'*, Nice, Actes Sud/ Villa Arson, 2010.

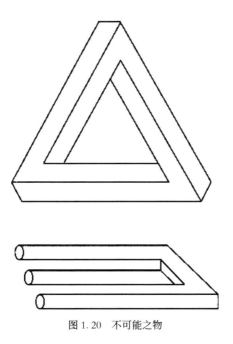

图 1.20　不可能之物

到 diabolique 这个词的本意，就是 dia-bolique，而非象征性（symbolique）的视角，因为魔鬼（le diable）从词源上看也就是 le diá-bolos，正是把整体（dia-ballō）打碎成几部分，并令人彻底遗忘视角对整体的统合效果。尽管如此——这无疑是最重要的一点——即使是不可能的视角，甚至恶魔般的视角，也要遵循透视法的基本原则。

接下来，我们将对透视法发展历史中的某些"契机/时刻"进行解读，乍一看它们毫不相关，无论在时间和空间上都相距遥远。为什么要对这些案例进行专门讨论？因为从某种程度上来说，它们与本书观点形成了必要的对应：如果说视角从来都不是"唯一的"，从一开始就是以复数形式出现的，那么就有必要证明背后隐藏的多元视角。这种方法也同时表明了，对视角的现象学和考古学研究并不是必然的相互对立。最终，它还出于一种有点疯狂的期待，那就是，对多元视角的当代反思应该立足于历史发展轨迹和谱系，从而进一步拓展该领域的研究深度。无论如何，重新打开视角/透视法这个研究主题，令人感到自己像站在巨人肩上的侏儒，研究这个问题的学者名单这么长，不仅令人感到头晕目眩，还让我们注意到它是一个几乎被遗忘的丰富传统，其中视角的概念的多义性应该引起足够重视。因为这些历史和理论背景告诉我们的是：并没有什么元视角主义（méta-perspectivisme），有的充其量只是一种跨视角（trans-perspectivisme）。

这就是为什么永远不会有一种观点能够包含所有其他观点：每个观点都同时是包含和被包含，它既是看到，也是被看到。我们必须学会掌握这个盲点，这个所有视觉中都包含的"不可见的点"，换句话说，就是无法看到视线发出的地方。因为无法找到适当的定位来瞄准我们自己的盲点，我们只有利用偏斜的、间接的视角，通过他人所在的位置来观看。为了避免陷入恶性循环，也就是尼采所说的"我们只看到我们知道的"①，我们所面临的挑战就是改变立足点，以不同的方式观看显现之物。今天，我们正在不无理由地标榜如何采取新立场的重要性。但是，除了表明立场的能力之外，还有一种能力，或许是更为根本的一种能力，那就是知道如何放下自己。最后，让我们用一位艺术家的作品来作为本章结语：包豪斯和黑山学院的大师约瑟夫·阿尔伯斯（Josef Albers）的石版画《朝向蒙特阿尔班》（*To Monte Albán*，1942）（见图 1.21），极好地展示了现代形式主义艺术从透视法中获得的重要启迪。阿尔伯斯常说："我们不能一直停留在唯一观点之上，我们需要更多的观点来拯救自由的视野。"②

---

① 1881 年春—秋季笔记，Nietzsche, printemps-automne 1881 FP 11［13］；KSA 9, p. 446。

② «Thus we cannot remain in a single viewpoint; we need more for the sake of *FREE VISION*». Josef Albers, *Formulation: Articulation*, Londres, Thames & Hudson, 2006，画上的铭文出自 *Syntax*（1972），folio I: dossier 31。也可参见 Y.-A. Bois, «Avatars de l'axonométrie»，见前揭，p. 16。

图 1.21　约瑟夫·阿尔伯斯，《朝向蒙特阿尔班》，1942，石版画，33.8 cm×26.4 cm，纽约 Josef & Anni Albers 基金会/艺术家权利协会（ARS）。

第二章

依据存在还是依据表象?

柏拉图与透视图像

什么是表象（apparence，外观)？

尼采，这位视角主义的伟大守护者，总是喜欢宣扬自己的反柏拉图主义立场："我的哲学是对柏拉图主义的反转：我们越是远离真实的存在，它就越是呈现出超越以往的纯粹的美。（这种哲学的）目的就是：表象之中的生命。"[①] 他的这句表达一如既往地尖锐，影响甚广。但它也暴露了尼采的视角主义对柏拉图思想的依赖，即使这是一种消极的依赖。存在与表象之间的对立，这种令现实出现裂缝的二元论思想，直至今日仍是柏拉图主义为人所公认的首要特征，而尼采没有说错，它的核心表达是借助对视觉再现的反思实现的。什么是"再现"（représentation）（我们为了方便，暂且用它来翻

[①] 1870 年底—1871 年 4 月笔记，Nietzsche, FP 7[156]；KSA 7, p. 199。

另，本章中所有《理想国》引文均参考：柏拉图，《理想国》，郭斌和、张竹明译，北京：商务印书馆，1986 年。——译者注

译 mimesthai 这个含义丰富的动词）？如何对它进行衡量？这就是柏拉图在《理想国》第十卷中借苏格拉底之口提出的问题。这也是《理想国》里非常著名的一卷，之所以有名，是因为它宣告了艺术家们的命运，将他们逐出理想的城邦。对模仿（mimēsis）的质疑意味着对图像之源头的质疑，因为图像正是诞生于模仿的行为之中：模仿就是"制造影像"（eidōlon demiourg ia，599a7）。这一阶段似乎是无可指摘的，没有什么可以证明这种创造行为有罪。我们还需要更多的证据才能对此提出起诉，而审判也将意味着对被告更为细致的分析。总之，必须证明模仿的产物并不能使人们更接近真理，而是逐渐远离；需要确立的一点是，图像不是以存在为依据，而是以表象为中心的。

为了更好地理解这一指控及其结论——尼采正是以此为基础，构建起他宏大的"柏拉图主义的反转"（Umdrehung des Platonismus）——我们需要逐步进行分析，首先从《理想国》这部理论成熟期的代表作入手，随后考察后期的《诡辩家》（Sophiste），其中的对话正是通过视角主义手法呈现了一场有关哲学本身的戏剧。然后我们会发现，柏拉图并不等于柏拉图主义思想；揭开后人建立的教义，我们会发现柏拉图本人开创的视角比他的批评者所暗示的要丰富复杂得多。

让我们从《理想国》和前文提到的苏格拉底和格劳孔的对话开始。正如上文提到的，模仿产生图像（599a7），但并不是一种图像：它产生的是众多幻象（eidōla，即 eidōlon 的复数形式），而不是影像（eikones），这也是希腊语中与图像相关的两个主要概念。如果严格从词源来考察，其中只有幻象（eidōlon）是可见的，因为它包含了词根 id-（在印欧语系中写为*fid），指的是以这样或那样的方式被看见（例如拉丁语中的 video，或者希腊语中的 eidos，意思分别是"我看""看"），是一种外在特征。而影像（eikon）与视觉毫无关联，却与另一个表示某一类行动的词根（*feik）相关。所以 eikon 实际上是动词 eoikenai 的完成式，意思是"使相似"或"同化"（其变位形式包括 eikazō、eiskō 等）。幻象（eidōlon）是直接作用于眼睛，即观众的，而影像（eikon）则代表了内在一致性、契合；通过与某物的相似性，影像也吸收了其再现之物的本质。当然，这两种图像体制是有着内在的等级之分的，幻象（eidōlon）首先意味着存在的缺失，是一种低级的形式：这个词本身就是缩小级的，是可见的形式（eidos）的减弱。Eidos 代表了普遍意义上的物的外观、形态，而 eidōlon 可以说是它的"缩小版"。因此，从荷马时代开始，幻象（eidōlon）就不具有与影像（eikon）同等的地位。这种区别将在下文显示出决定性作用。不过目前,先让我们把模仿(mimēsis)的定义还原到它最初出现的原始对话中。

《理想国》中贯穿了苏格拉底和格劳孔对某些职业的意义和性质的讨论,以决定是否在理想的城邦中为它们保留一席之地。这就是为什么在第十卷中,他们想知道那些生产图像的人,也就是画家的工作到底是什么。他们应该被归为工匠还是哑剧演员?他们的工作是属于创造艺术(τέχνη ποιητική)——制造新物品,还是模仿艺术(τέχνη μιμητική)——仅仅对事物的复制?苏格拉底指出对复制品的制造仍然是一种创造的形式,格劳孔反驳说,如果模仿艺术确实是创造性的艺术,那它创造的也仅仅是外观(596e)。从某种意义上说,图像艺术在这一问题上两者兼具,它既是创造性艺术也是复制性艺术,这反而使它们更加可疑。因为图像既没有固定的位置,也无法嵌入我们期望的它们所是之处;尽管以逻辑辩证法(dihaïresis)穷尽了所有可能来为其下定义,但都无法从种和类的角度去定位它,它无法被准确定位,并且在已有的不同存在类别之间不断移动。柏拉图因此用讽刺的语调来描述幻象和那些致力于制造幻象的人。在《理想国》前九卷里,每种职业都在整个城邦的政治结构和内部分工中被赋予了准确位置和特定功能,因此，柏拉图用了双关语，把这些图像制造者称为"出众的/不同寻常的"（extraordinaire）和"非凡的/令人惊奇的"（étonnant）一类人：

> 因为这个匠人（χειροτέχνης）不仅能制造所有这些用具，还能造出地球上的一切植物、生物——不只是其他生物，也包括他自己——除此之外，他还制造了天、地、诸神、天上的一切、地下的一切和冥界的一切（596c4 - 9）。

这些作品就像诡辩家的巧辩一样令人困惑，它们令哲学家必须毫不懈怠地将自己与这些分身区别开来，画家的创作也依赖巧妙的花招：他们仅仅满足于研究事物的表象，而不去建立与事物及其深层本质的真正联系。这就解释了为什么艺术家能够画出任何物体，甚至比真正的专家更胜一筹。柏拉图继续用讽刺的语气对图像创造者，也就是画家提出规劝，建议他们效法另一位颇具天赋的"艺术家"，它不仅有相同的能力，能够再现天上地下的任何事物，而且它的再现还有着无可比拟的直接性、即刻性。画家可以直接把画笔换成镜子，镜子总是比画笔更快，而这将使创造形象的行动变成孩子的游戏：

　　（方法）很多、也很快，只要你愿意拿一面镜子向四处照。眨眼间，你就能制造出天上的太阳和星星，同样很快地造出大地、你自己和其他的动物、各种用具、植物，以及我们刚才提到的所有东西（596d9－e3）。

这个以镜为喻的讽刺，目的是为围绕模仿的争辩画下句点：从某种意义上说，镜子也是一个创造者，它使物体浮现在它的表面，不过，它的创造更多地是体现出一种再创造。与神圣的造物主不同，画家（就像诗人一样）只能生产出客观实存的表象。似乎人们终于找到了寻求已久的分界线，即存在与显现者之间的分界线，从而在寻求前者和后者的人中间划下了楚河汉界（也为我们区分哲学家与诡辩家提供了一劳永逸的可靠标准）。此外，对于苏格拉底提出的问题，即图像的创造者究竟是想模仿"事物实在的本身"，还是在模仿"它们看上去"的样子呢（598b2－3）？格劳孔毫不犹豫地选择了后者，并以此说明绘画的肤浅。尽管如此，但在存在和表象两者之间刚刚建立起的明确界限又很快变得模糊，因为仔细考察之后我们发现，柏拉图没有满足于存在与表象的对立，而是将两者进一步重叠：得到了如其所是的存在，和如其所现的表象，可以想见，在这个由两个变量组成的矩阵中，还应该有另外两个可能的项（如其所现的存在和如其所是的表象）。不过，我们先不要急着迈出下一步。在此处，柏拉图不得不对存在与显现者的对立关系加以补充，尤其是在与其他再创造艺术（arts reproductifs）的作品相比较时。

绘画不是唯一的一种模仿艺术，木匠也是如此。和画家一样，木匠也不是一个原创的创造者，因为他也受到模型的启发，对他来说，他所模仿的对象是他对桌子的心理表征（他在头脑中对桌子的再现）。这就是为什么木匠"做的不是真正的存在（οὐκ τὸ ὄν），而只是它的相似物（οἷον τὸ ὄν）"（597a4f）。从桌子的感性本质中，衍生出了一个不完美，但也不可简化的副本，这一点在几何学中也不例外：即使是最伟大的几何学家，也无法画出一个完美无瑕的圆，而最多只能是对圆形的"再现"。所以，我们现在很难从整体上否定表象；当前的任务，是把小麦和稗子分开，把虚假的表象和贴近真实的表象区分开来。那么，又该如何区分"好"桌子和"坏"桌子呢？我们可以借鉴第一章里提到的三张床的类比：假设有三个物体，一张是作为理念的桌子，一张是作为感性复制品的桌子，还有一张画中的桌子，作为绘画对复制品的复制（也就是后来教会神父们所称的eikôn eikónos）。但这种解释显然把问题过于简单化了，甚至可以说它过于乐观。我们怎么能把一个经木匠打造出的实体物件和画家在画布上创作出的外观彻底区分开呢？如果画家的技艺足够娴熟，而物体又距离相当遥远，一些"孩子和愚蠢的人"真的可能将图像当成物体本身（598c）。

柏拉图提到的这种古老的绘画传统——错觉画在古希腊画家宙克西斯（Zeuxis）的传奇作品中达到了巅峰，据说他笔下的葡萄足以以假乱真，连鸟儿都会飞来啄食。柏拉图对错觉画的批评重点并不在于它们是人为的再现，也不是因为它们"和事实的距离很远"（598b）。它们真正的危险之处在于试图掩盖和否认这种距离。由此引发的问题就是，一个人一旦完全以表象为依据，就很难坚持将其置于衍生存在地位，难以看到它的产生机制：这就意味着不能在不同类型的存在之间建立垂直、单一的层级制度，即逐级递减的存在体系，因为现在的主要冲突就是处于垂直方向上、在由理念直接衍生出的感性物体和绘画拟像之间的直接竞争——后者企图取代前者，并且拒不承认自己与真实之间的双重距离。

这一局面自然带来了严重后果，这意味着图像概念从内部产生了分裂。此前，是图像保证了衍生本体论的内在秩序〔感性物体"参与并分享"存在的本质，因

为它们是存在的图像，所以我们才有充分理由说，模仿
（mimesis）行为奠定了一种方法论（methexis）]，而
在这种新形势下，我们面对的是两类外观相似，但功能
截然不同的图像。如果不能继续以模仿作为谱系划分的
保障，我们该拿它怎么办呢？如果这种仿造不再与原物
保持直接真实的联系，徒有相似的外表却无关其本质，
我们又当如何？模仿作为一种参与本体论（une
ontologie de la participation）和方法论学说的根本组成部
分，现在已经超越了后者，甚至有一部分已经明确处于
它的范围之外。现在，我们比以往任何时候都更迫切地
需要区分好的模仿和坏的模仿，即使这意味着未来有可
能拒绝将后者归为此类。现在让我们回过头来看书中相
关的段落，以便更好地理解这种新的区别的全部意义和
有效范围：

人们为每一件事物创作绘画的时候，究竟有什么目
的？是为了模仿每一个事物的真实存在本身，还是在模
仿它们看上去的样子呢（598b2 - 4）？

格劳孔的回答似乎确凿无疑：画家模仿的目标不是存
在，而是外观。至少这构成了对这句话的权威解释，奠
定了柏拉图对艺术的敌对立场。我们甚至可以把整个美

学的历史视为对他最初奠定的二元对立的漫长脚注。人们要么选择把表象视为通向存在的必经之路（这也是黑格尔的选择），要么断言表象将获得无尽的胜利（这代表了对尼采主义的通俗理解）。然而，无论采取哪种立场，即使是对此的质疑，也都肯定并强化了最初建立在存在与表象之间的二元对立。

然而，如果我们仔细阅读，会发现柏拉图所运用的辩证法的微妙之处恰恰与这种"柏拉图主义"的简化还原相对立。因为根据原文，柏拉图借苏格拉底之口建议的区分并不仅仅在于存在与显现者之间，而是从一开始就引入了更为复杂的视角，因为他想知道的是绘画是不是一种"试图以模仿的方式再现事物各自之所是"的行为，还是"对于每种表象，如其所现地对其进行再现"（τὸ φαινόμενον ὡς φαίνεται）。这些限定语可能看上去没什么用处。那为什么要如此赘述，衍生本体论讲的不正是同样的内容？为什么不能简单地把绘画认定为纯粹表象，却非要进一步考察，把它认定为对另一种表象的模仿？对此唯一的解释，就是一定还有另一些表象是对存在如其所是的模仿。这种转变几乎不易察觉，却又是十分显著的，因为它相当于彻底地改变了视角：到目前为止一直以依赖关系（dépendnce）为架构的系统（正是它决定了不同元素在垂直的衍生层级中的定位）

现在转化为一个指向（orientation）系统（现在要根据再现的目标、根据其"意图"来衡量）。因为所有的再现行为都处于表象层面，所以要在这个层面对其加以分析，区分其"好""坏"，并甄别趋向真实的再现和面向观众的再现。

存在与表象之间的二分法因此显得过时了——或者说过于简化。因为真正的讨论必须在表象层面进行。因此，从《理想国》开始，柏拉图就开创了第一次"图像之争"，同时，区分原则也发生了转变，不再以存在者和显现者的严格分离为基础，而是在两种不同面向的具象化行为之间作出区分。同样属于表象层面，真实的图像是以存在和如其所是（oĩov）的形象为蓝本的。人们总是把今天备受争议的图像本体论的源头追溯至《理想国》，但现在我们看到，从某种意义上来说，它在提出时就已经被其作者所反驳，因为所有这些再现（无论好坏）都不是自身独立的存在。唯一的区分标准并非根据其衍生性，而是根据指向——图像的来源问题不可避免地被另一个问题所取代："图像望向哪里，根据什么调整自己的外观？"

柏拉图在这里列举的，是一系列对表象的视角特征的思考，我们可以从几个不同层面来理解它，这一点将在下文进行讨论。毫无疑问，当柏拉图提到图像的时候，他的用意其实是借此展开另一场讨论，从而为哲学正名、抵制诡辩论：他借助对作为图像的表象的分析，肯定（或否定）某些知识实践，换句话说，将哲学家（那些追求智慧的人）和诡辩论者（那些假装自己拥有智慧、根据听众的期待修改自己的学说，而不是根据真理来下论断的人）区分开来。如果说这一论战目的是确信无疑的，而且柏拉图在这里讨论的并非一种有关绘画的哲学，那么这些段落就值得我们花更多的时间来进行分析，因为其中包含的意义可能超出了大多数评论家对此的理解。柏拉图不仅将图像问题置于存在问题的核心，而且他还在当时的关于图像的讨论中明确了自己的立场。因为柏拉图发表的这些观点实际上是与希腊具象艺术的转变同一时期出现的，某种程度上，它可以被看作在一场雅典版的"古代与现代之争"中的明确选择。

菲狄亚斯的雅典娜

柏拉图对艺术是否正确地反映事物的点评，不仅引发了对思辨问题的讨论，更是直接介入了一场令雅典人产生重要分歧的美学争论，皮埃尔-马克西姆·舒尔（Pierre-Maxime Schuhl）的这个观点如今已被评论界广为接受[1]：宗教化的风格和古典模式逐渐被抛弃，取而代之的是更趋近自然主义的对现实的描绘。阿波罗多鲁斯（Apollodore）、宙克西斯和帕拉西奥斯（Parrhasios）等艺术家的名字代表了壁画艺术的重大进步，他们重视事物的视觉外观，并将其作为衡量艺术再现的标准。这种变化不仅影响着绘画艺术，也涉及雕塑和建筑，甚至影响到戏剧舞台的空间设计。不过，根据维特鲁威的描述（后人转述，并非确证），情况截然相反：这种新兴的自然主义绘画是由萨默斯·德·阿加塔克斯（Agatharque de Samos）发明的，当时他在为埃斯库罗斯的一出戏剧作品设计舞台，在这种全新形式启发下，德谟克利特和阿那克萨哥拉等自然哲学家开始了对光学原理的研究。[2] 这些自然主义绘画到底是什么样子的？这很难说，因为当时的资料对此语焉不详。有鉴于此，我们只能参考后来的例子，尤其是在意大利发现的所谓庞贝第二风格的壁画，例如在伯斯科雷亚莱和奥普隆第斯地区的别墅中发现的壁画（见图 2.1 和图 2.2）。以伯斯科雷亚莱的法尼乌斯·斯尼斯托尔（Fannius Synistor）别墅墙壁

---

[1] Pierre-Maxime Schuhl, *Platon et l'art de son temps*, Paris, Alcan, 1933.

[2] Vitruve, *De l'architecture* Ⅶ, pref. 11, 71. 亚里士多德坚信这种绘画艺术是为了把索福克勒斯的作品搬上舞台而发明出来的（*Poétique* 4, 1449a）。

图 2.1 剧场场景，伯斯科雷亚莱的法尼乌斯·斯尼斯托尔别墅墙上的湿壁画，公元前 1 世纪。

图 2.2　盛有水果的透明果盘，庞贝古城奥普隆
第斯地区出土壁画，公元前 1 世纪。

上的景观画（la veduta）为例，我们可以看到，只有壁
画的上半部分是根据灭线组织构图的，此外，这些灭线
并没有汇合于一个单一的视点。尽管如此，这种绘画营
造的错觉效果一定是令观众心驰神往的。这些私人别墅
的壁画经常被用作诗歌朗诵和戏剧表演的背景，间接地
把我们带回了几个世纪前发生在雅典的震撼社会的大
讨论。

　　当时对此的直接记述非常罕见，但我们可以从一篇
关于舞美艺术的文章中看到正在发生的变化：

　　我们关心的不是如何表现真实的形式（tous hypokei-
menous rhythmous），而是如何忠实呈现它们看上去的样子（phainēsontai）。建筑师的任务是赋予他的作品一种能够激发想象力的令人愉悦的形式（eurhythmon），并尽可能避免形成视错觉（tas opeōs apata），因此不是根据一致性或和谐原则，而是根据眼睛来创作。[①]

在一本拉丁文手稿中还记载了雕塑家留希波斯（Lysippe）的一段话，他指出，古人总是依照人物本来的样子（quales essent）来创作肖像，而留希波斯自己则倾向于依照他们看上去的样子（quales viderentur）来呈现。[②] 这些转变显然不被每个人所接受，当柏拉图推崇依据事物之所是的模仿，而鄙视模仿事物的外观的时候，显然也表明了自己的阵营。

在《诡辩家》中，柏拉图写道，他那个时代的希腊艺术家"在创作或绘制巨型作品时"，创作的不是影像副本（eikones），而是拟像（phantasmata）。

因为如果他们按照真实比例（alêthinê n symmetria）

---

① 匿名，*Ti to skenographikon*。参见 Damianus, *Optica*, R. Schöne (éd.), Berlin, Reichsdruckerei, 1897, pp. 28‑30。这篇文本显然创作于希腊时期，但作者不详。有可能是希罗（Héron d'Alexandrie），或格雷米奥斯（Gremios），一位与波希多尼同时代的学者。

② Pline l'Ancien, *Histoires naturelles* ⅩⅩⅪ, p. 65.

去复制美的事物，我们很清楚地知道，图像的上部会看上去太小，而下部看上去太大，因为在观看的时候，作品上部离我们很远，下部离我们很近……这些艺术家难道不是把真实放在一边，牺牲真实的比例，为了在图像中创造出美的外观吗？（《诡辩家》，235e‑236a）

　　出人意料的是，身为雅典居民的柏拉图还大力推崇埃及艺术，他认为后者再现了事物的本质而非肤浅的外表。① 他的这一声明显然是为了反对希腊艺术中的一些新趋势，尤其是 4 世纪雅典学派的创始人科林斯的欧弗拉诺尔（Euphranor de Corinthe），以及具象绘画新模式的推动者西锡安学派。② 后人的资料为我们提供了一部分线索来了解当时希腊文化的主流趋势。

　　不管是真是假，有关阿尔卡美涅斯和菲迪亚斯之间的竞赛的故事很好地展示出这一争论当时在雅典的重要性：雅典人决定为这座城市的守护神建造一座新的雕像，于是委托了两位著名的雕塑家，阿尔卡美涅斯和菲迪亚斯，各自创作一尊雅典娜雕像。当这两件雕塑作品

---

① Platon, *Lois* Ⅱ, 656d.

② 参见 Agnès Rouveret, *Histoire et imaginaire de la peinture ancienne (ve siècle av. J.-C.-Ier siècle ap. J.-C.)*, Paris, École française de Rome, 1989。

被摆在地面上展出时，阿尔卡美涅斯的作品赢得了人们众口一词的赞誉，而菲迪亚斯则差点被众人处以石刑，因为他的雅典娜显然是畸形的。但当这座雕像被竖立起来时，雅典人民立刻改变了观点——这就是帕特农的雅典娜（Athéna Parthénos），一座 12 米高的纪念雕塑，公元前 438 年被安置于帕特农神庙的大殿（见图 2.3）。自下向上仰望时，原本比例失调的各部分相对发生了变化，雅典娜女神的身体呈现出自然的比例。①

如果我们假设柏拉图批评的对象就是菲迪亚斯，可以说他的雕像牺牲了头部的真实的尺寸以追求整体外观的和谐。以至于他的作品呈现出一种"仅限于外观的"（τὸ φαινόμενον μέν）恰如其分。② 雕塑家的创作方法因此与《理想国》第四卷中的要求背道而驰，因为柏拉图明确说明要忠实反映各部分的关系，不能向整体逻辑妥协。不过这些只涉及问题的一半，而柏拉图对另一半按住不表。如果说作品呈现的外观被认为是"真实的"，那说明艺术家在创作形象的过程中考虑到了观众的位置。正如《诡辩家》中写道，图像是一个附属品

① Jean Tzetzes, *Chiliades* Ⅷ, p. 193［见 *Historiarum variarum Chiliades*, T. Kiessling (éd.), Leipzig 1826 中的记述］。

② Platon, *Sophiste* 236b4.

图 2.3 菲迪亚斯，帕特农的雅典娜，约公元前
438 年树立于雅典。（H. Kähler 复原图）

（atopon）：它没有所在之处 ［鉴于其"非地方性"（a-
topique），240c2］，并且它扰乱的恰恰是这一优先权，
因为它从不停留在人们为其指定的位置。但是，当图像
以一种欺骗观者的方式被放置时，换句话说，当图像被
放置在观者的视觉轴线上时，这个深刻的真理就被掩盖
了。当一个人站在艺术家为其设置的观察点上，就有可
能被欺骗：根据"正确的视点"（ek kalou thean），他可

能会把图像当作真正的外观。① 然而，只需要稍微挪开一步，就会发现这一切都是巧妙设计的结果。那么——这里出现了一个令人眩晕的漏洞——柏拉图又怎么会认为拟像所设定的视点是"正确的视点"呢？

多余的一"步/不"：文献学家施莱尔马赫

弗里德里希·丹尼尔·恩斯特·施莱尔马赫（Friedrich Daniel Ernst Schleiermacher，1768—1834）是当之无愧的"古典学之父"。正如温克尔曼为古希腊艺术在现代的形象和地位作出的重大贡献，在 18、19 世纪之交，一批语文学家的研究同样为古典经典文献集的建立奠定了基础，施莱尔马赫就是其中的一位。他的研究推动了古希腊文献研究新时代的到来，他不仅创建了一门对古代文献进行翻译阐释的科学——现代诠释学（这也是为什么人们称他为诠释学之父），还对柏拉图的《柏拉图对话录》做了全新的翻译阐释，彻底改变了人们对《柏拉图对话录》的认识［毫不意外，语文学家伊曼努尔·贝克（Immanuel Bekker）把自己 1816 年出版的《柏拉图作品集》献给了弗里德里希·施莱尔马赫这位"柏拉图的重建者"］。施莱尔马赫的主旨思想很简

---

① Platon，*Sophiste* 236b4.

单：我们必须在原初语境中阅读柏拉图，重现本来的视角。回到作者在提出理论时所持有的观点，而不是专注于在手头的文献中寻找证据去印证后人从中提炼的学说，因为这些观点一旦被孤立出来，就会很快变得模糊而神秘。只有回到最初的语境，我们才有希望揭示原文的本意，甚至还能进一步，借助与文本的历史距离，"比作者本人还更好地理解作者"[①]，这也成了一句著名的诠释学格言。

这种认为任何阐释行为从本质上来说都是一种视角的观点，在现代诠释学发展史上不断得到重申，例如狄尔泰（Dilthey）、保罗·利科（Paul Ricceur）和汉斯-格奥尔格·伽达默尔（在他对诠释学的定义中，伽达默尔认为译者的任务就是把自己放在"作者的角度，还原作者得出观点时所采取的视角"[②]）。而施莱尔马赫本人则是受到了约翰·马丁·克拉德尼乌斯（Johann Martin Chladenius）等作家的影响。克拉德尼乌斯在 1742 年出

---

① Friedrich D. E. Schleiermacher, *Herméneutique*, trad. Ch. Berner, Paris, Cerf, 1989, p. 34.

② Hans-Georg Gadamer, *Vérité et méthode. Les grandes lignes d'une herméneutique philosophique*, trad. P. Fruchon, J. Grondin et G. Merlio, Paris, Seuil, 1976, p. 313；汉斯-格奥尔格·伽达默尔，《真理与方法·诠释学Ⅰ》，见前揭，第 412 页。

版的《对演讲和其他理性著述的正确阐释方式的导论》（*Introduction pour la bonne interprétation des discours et des écrits raisonnables*）一书中，提出了知识即"观点"（Sehe-Punkt）的理论：根据观者所选取的不同视角，一件同样的事实会呈现出截然不同的面貌——并且也会以完全不同的方式被讲述出来。有一句拉丁谚语贴切地对此作出了总结：有多少脑袋就有多少种看法（Quot capita，tot sensus）。在克拉德尼乌斯看来，指出知识在本质上取决于视角这一事实，首先可以起到警示作用：为了不被事实误导，就必须知道如何去除话语自身不可避免的局限性。但在施莱尔马赫这里，个体独特性却成了一项优势："个性"反过来成了不断更新的、创造性的表达世界的方式，不仅体现在克拉德尼乌斯在书中提到的"演讲"和"理性著述"中，也构成了其他多样化的表达方式，其中就包括了寓言或图像表达。

因此，要公正地评判一位作者、他的观点和他作品中展现的真实，就必须同样考虑到读者的立场。施莱尔马赫在《柏拉图对话录》的导论中说得很好，这本书的目的就是"通过对柏拉图的作品的直接和更为准确的了解，才能使每个读者都获得关于柏拉图的精神和学说的独特理解"①。在对柏拉图思想的重建中，他拒绝沿袭传统的柏拉图研究体系或经典解释，而是强调了《诡辩家》的核心作用，在他看来，这部分对话构成了柏拉图辩证法中"最深奥的殿堂"（das innerste Heiligtum），特别是关于"存在"的本质和有关存在的论证的部分。② 与《柏拉图对话录》的其他部分相比，《诡辩家》更直接地讨论了关系问题，伽达默尔也强调了这一点，他认为施莱尔马赫在对《诡辩家》的翻译和阐释中揭示了"逻各斯的本质是关系性的"③。

如果说图像问题是这段对话的核心，那正是因为图像提供了对关系的最佳写照。柏拉图不赞同埃利亚学派的观点，反对把图像放在非存在（non-être）的一边；也反对诡辩家对所有表象一视同仁的做法，他把图像作为一种特殊存在形式——相对存在（être relatif）的最

---

① Friedrich D. E. Schleiermacher, *Introduction aux dialogues de Platon, suivi des textes de F. Schlegel relatifs à Platon*, trad. M. -D. Richard, Paris, Cerf, 2004, p. 7；施莱尔马赫，《论柏拉图对话》，黄瑞成译，北京：华夏出版社，2011年，第65页。

② Schleiermacher, Introduction au *Sophiste* (1808), *Introduction aux dialogues de Platon*，见前揭，p. 136；施莱尔马赫，《论柏拉图对话》之"《智术师》引论"，见前揭，第217—227页。

③ Hans-Georg Gadamer, « Schleiermacher als Platoniker » [1968], *Gesammelte Werke*, vol. 4: *Neuere Philosophie Ⅱ. Probleme-Gestalten*, Tübingen, Mohr-Siebeck, 1999, p. 381.

佳例证。图像因此成了一个操作概念，可以同时拆解埃利亚学派和诡辩家的立场。《诡辩家》先遵循着埃利亚学派的巴门尼德的论断：如果"真"代表了所有的真实存在，而一切"不真"的就是"真的对立面"（排除了第三种可能性），那么结论就是图像不存在，因为它与真实存在的事物不是一回事。然而，陌生人承认"图像是存在的"[①]。它既不是虚无也不是完全的实在，而是一种近似存在（quasi-existence），或者更准确地说，它是存在的，但仅仅在与一个真实存在的事物，也就是图像所对应的事物的关系中存在。在图像问题上，逻各斯自身必须模态化，并为一种新的存在形式，也就是存在与非存在的"交错"（symplokê）提供空间（240c1 - 2）。但我们必须首先承认一点，对图像的一般存在的论证是不可能的，因为它正是相对存在的代表——图像依赖于它所呈现之物。在《蒂迈欧篇》中，柏拉图坚称："图像从一个不属于自己的外物那里获得了外观，所以它就像是另一个事物背后不断变化的幽灵，也正是因此，它必须在另一事物中诞生。"[②] 事实上，如果一幅图像的可靠性仅仅来自它所指向的原始存在物——如果每一

---

① Platon, *Le Sophiste*, trad., introduction et notes par N.-L. Cordero), GF-Flammarion, 240b8.

② Platon, *Timée*, trad. É. Chambry, Paris, GF-Flammarion, 1969, 52c3.

幅图像都是某物的图像——那么我们就必须依据这种关系来衡量它的存在。图像之所是，并不寓于其自身（kath'auto）；必须在与其他事物的联系中说明。对话的参与者一致认为，如果图像只是因为与某物（即它所呈现之物）的关联而存在，就可以终结埃利亚学派和苏格拉底之间的论战，以及后者与诡辩论者的分歧：总的来说，图像既不是存在，也不是非存在，它的矛盾本质（它是一个"真实的非实存物"，240b12）体现在图像和真实存在的原物之间的间距上，既明确了两者差异，也阐明了图像对后者的依赖。

施莱尔马赫并没有满足于通过《诡辩家》在概念上的突破来更好地理解理性辩证法，他还想借此解决一个文献学问题。现代人在编辑《柏拉图对话录》的时候，经常会面对好几份中世纪流传下来的内容不尽相同的文稿左右为难，以至于他们有时只能做一些必要的截取，以建立一个可靠、统一的版本。前面提到的《诡辩家》中的那个段落（236b）就是如此。迄今为止，现代出版商依赖的大多数中世纪手稿都包含以下这一段：图像再现"仅在外观上"与真正美的事物相像，因为人们"不是从美的角度来观看它们的"（dia tên ouk ek kalou thean）。在施莱尔马赫看来，问题再明显不过：这里应该有一处抄写者的手误，被后世之人不断传抄下来，因为只有置身于正确的视点时，视错觉才会起作用。因此，手稿中的多重否定——也就是原句中的 ouk——显然是不必要的。"所以应该把 ouk 删除"，施莱尔马赫写道，他引述了最近的一项发现来支持自己的观点："最终，我们发现有些手稿里是不包含这个词的。"[1]

然而，施莱尔马赫提出的文献学解释仅在特定前提下有效——"正确的位置"必须落在艺术家规划好的轴线上，因为只有在精心设定的视觉角度下，图像才能引发错觉。而如果我们认为图像的价值与观众无关，而是与它所描绘的真实有关，那么错觉画为观众预设的观（察）点显然不是一个"正确的观点"，恰恰相反，会因为它引发幻觉。严格地说，只有当观众的视线与雅典娜的头部处在同一高度时，才能（以这个视角）看到她与现实比例的差异，即艺术家对雕像所做的变形。抄写员面对这样的情况（尤其是这段希腊文本身的表述方式就有些奇怪，不是惯用的表达，19 世纪许多评论家早已指出了这一点）会感到一丝犹豫也并不奇怪，所以取决于他们各自对段落的解释，有时会选择加上 ouk，有时是不加 ouk 的版本。此外，在做任何插补或修正之前，试

---

[1] Friedrich Schleiermacher, *Platons Werke. Zweiten Theiles, zweiter Band*, Berlin 1824, p. 501（该段落原文为德语，由本书作者翻译为法文）。

图确定原作的真实版本这一尝试本身是没有意义的，因为文本的模糊只能证明《柏拉图对话录》的多义性特征。尽管施莱尔马赫自始至终都非常强调多元性在解释学上的重要意义，但他在试图建立正确版本时却忽略了这种深层矛盾性。尽管（或者更确切地说，由于）在这一段的表述中难以判断视角究竟是面向真实还是面向表象的逻辑，它再次证实了《柏拉图对话录》中固有的视角主义，几个世纪以来，柏拉图主义者一直试图抹去这一点。在这种广义的视角主义语境下，"正确"的视角只能是相对的，它只能是众多视角中的一个。①

如何在纷繁表象中寻得方向？

那么，从《理想国》到《诡辩家》，在这两段对话之间的时间里发生了什么？与某些观点相反，《诡辩家》并不是柏拉图在后期所做的忏悔和自我批评（W. Kamlah），而是对图像的意义的彻底扭转。简而言之，图像的意义从参与范畴转为面向（orientation）范畴。通过 eikastikē technē 创建的图像-复制品是以存在作为

---

① 柏拉图在另一篇伦理学文本中再次谈到了这一问题：公正并不总是对所有人来说都是明确无疑的，因为从一个坏人的角度来看，不公正似乎才是最好的解决办法，而一个正义的人的判断恰恰与此相反。（*Lois* Ⅱ，663c）。

依据，而通过 phantastikē technē 创建的图像-拟像则完全转向了观众，遵循着外观一致的原则。因此，这是视角主义对图像理论产生的第一个影响。而第二个影响更令人担忧。对话的参与者最终承认：不可能仅凭图像自身（kath'autho）来确定图像的本体，也就是它的"存在"；必须扩大讨论范围：图像仅仅依存于那个它作为其（prós alla）图像的"他者"而存在。但这种内在的缺失并不是令人担忧的主要原因，因为这是《理想国》中已经申明的立场，也是参与本体论所坚称的：感性事物（也自不必说那作为感性事物的副本的图像）从它们参与其中的超感性的永恒形式中获得自身存在。而在《诡辩家》中，最令人不安的是哲学不得不改变它作用的领域，因为从这一刻开始，一切（图像的规定性，以及与诡辩者的斗争）都在表象的领域发生。影像（eikôn）与幻象（eidôlon）之间、图像-复制品与图像-拟像之间、合法的表象与虚假的表象之间的战斗，都只在表象的舞台上发生。将（与原物相匹配的）合法图像与虚假幻象区分开来，并从一群伪装者中选出合法的候选人的过程，注定要伴随着一片嘈杂，每一方都大声叫嚷着自己的合法性。

　　《诡辩家》的对话就这样虎头蛇尾地结束了。它既无法消除所有疑虑，并且与柏拉图同时期写下的其他对话录一样，结局也无定论；由于无法就辩论中的术语达成一致，每个人——不管是诡辩家还是哲学家——都得出了相反的结论。对于编剧柏拉图来说，胜利自然属于苏格拉底，只有他才配得上圣人的称号。同样，这个胜利也是事先写好的，即使柏拉图在结尾处令人不解地留下了极大讨论余地。但不管怎样，结论是毋庸置疑的，因为诡辩家在结尾处已经消失了。要了解真正的争议所在，我们必须向上追溯，回溯最终抉择尚未分明的时刻。

吉尔·德勒兹写的一篇关于柏拉图的短文揭示了《诡辩家》的一个核心的、尚未得到批评家关注的问题，就是"竞争"（rivalité）或争辩（amphisbêtêsis）这个概念。面对所有伪装成自己不"是"的样子，并"宣告"占领一个不属于它们的位置的竞争者，真实的图像必须直面这些嘈杂，令它们的谎言原地现形，也就是在表象中击败它们。"因此，划分的目的根本不是要将一个属划分为种，而是在更深的层面上选择谱系：区分各个竞争者，区分纯与不纯、真与假。"① 《诡辩家》中所作的大规模本体论剖析，那著名的二元区分

---

① Gilles Deleuze, «Platon et le simulacre», *Logique du sens*, Paris, Minuit, p. 293.

（dihaïresis）——后来经过亚里士多德和本体神学的完善，构成了存在的无限树状结构——在这里被简化为一种在合法后代和寄生物之间进行初步筛选的机制，以区分真实存在和似是而非的入侵者："要在所有候选者中作出选择，区分好的复制品和坏的复制品，或者更确切地说，区分始终与原型保持一致的复制品和有不同程度失真的假象。要确保复制品战胜假象，压制假象，将它们封锁在最底层，防止它们浮出水面并四处'渗透'。"①

经过这一旅程，本书开头提到的尼采对柏拉图的评论逐渐折射出新的意义。在《善恶的彼岸》中，尼采坚称柏拉图已经开始"颠倒真相""否认视角主义是所有生命的基本条件"②。这一切都取决于视角在此处的意义，以及它究竟是哪一种视角。因为从某种意义上来说，对视角的否定预设了对它的先入之见。毫无疑问，柏拉图曾经否定了视角。但他也在否定视角的同时，重新发明了视角。

---

① Gilles Deleuze, «Platon et le simulacre», *Logique du sens*, Paris, Minuit, p. 296.

② Nietzsche, *Par-delà le bien et le mal*, Préface; OC Ⅶ, p. 18.

第三章

佛罗伦萨 1425：绘画的镜像阶段

表现（Darstellung）理论

卡尔·马克思（Karl Marx）和弗里德里希·恩格斯（Friedrich Engels）在 1845 年春至 1846 年底写下的《德国意识形态》此前一直在其他研究视角下获得密切关注，而当前的讨论令我们对其中这句话有了不同理解：

一旦有了对现实的表现，哲学就失去了它可以自主存在的媒介。[①]

匆匆一瞥，我们在这句话中看到的可能只是对现实的影响力的肯定，它为哲学整体化的野心划定了严格界限，

[①] Friedrich Engels, Karl Marx, *L'Idéologie allemande*, présentation par Gilbert Badier, Paris, Éditions Sociales, 1976, p. 52；原文：«Die selbständige Philosophie verliert mit der Darstellung der Wirklichkeit ihr Existenzmedium»。

令哲学的无限阐释在世界不可还原的晦暗性面前频频受挫。但这并不是因为世界反对（s'oppose）哲学对它的解释；更确切地说，世界显露（s'expose）了自己：它不再是表象（Vorstellung），而是表现的对象。随着表现的出现，马克思和恩格斯说，哲学就不再垄断思想。

首先要确定什么是表现理论：哲学失去了其自主性，因此要依靠媒介，在媒介中，通过媒介来表现自我（此处指绘画媒介）；接下来要追问的就是"通过绘画思考"（penser en peinture）意味着什么，并探索这种"思想"对"整个思想史"可能产生的影响——这就是于贝尔·达弥施一直在坚持追问的问题，直到今天，它们还继续指导着所有选择沿着这些问题开辟的道路前进的人。从中不难看出贯穿了达弥施一生写作的问题背后的线索，从《云的理论》（*Théorie du nuage*）开始初具雏形；接着是《镉黄色窗口》（*Fenêtre jaune cadmium*）、《帕里斯的评判》（*Le Jugement de Pâris*）、《皮耶罗·德拉·弗朗切斯卡的童年回忆》（*Un souvenir d'enfance par Piero della Francesca*）和他随后的一系列访谈，在访谈中这些问题才被系统化地提出。在这里，我们将从他 1987 年出版的重要作品《透视法的起源》（*L'Origine de la perspective*）中寻找对这一问题的界定。

在《透视法的起源》的结尾处，达弥施明确提出，我们应该试着更清晰地勾勒出一种借助绘画手段和视角与通过绘画思考的思想可能的面貌。达弥施的最终结论是，他要写另一本书来专门讨论这个问题。[①] 不过，值得注意的一点是，达弥施这句结论后面几页的论述都表明，实际上他不需要再去写另一本书了，因为所有观点都在刚刚完结的这本书中：只是我们需要从结尾开始重新去读它，就像读一本新书，而不把它看成针对帕诺夫斯基和《作为象征形式的透视》的长篇大论，尽管他在导言中曾表达过这个意图。这本书更像是写给结构主义的一篇迟来的回应，尤其是针对结构主义语言学家埃米尔·本维尼斯特（Émile Benveniste）的著名断言：真正的反思只能够借助语言这个媒介来完成。

此外，将于贝尔·达弥施称为所有后结构主义者中最常回头审视结构主义思想的源头的一个，也丝毫不为过，这令他的思想带有奇异的新结构主义特征，并与精神分析理论有着紧密联系［有关这一点，可参阅他的《支持（或反对）绘画符号学的八篇论文》[②]］。尽管像拉康、列维-斯特劳斯这样的学者都不愿别人把自己归

---

① Hubert Damisch, *L'Origine de la perspective*, Paris, Flammarion, 1987, p. 458.

② Hubert Damisch, « Huit thèses pour（ou contre）une sémiologie de la peinture», *Macula* n° 2(1977), pp. 17 - 23.

为结构主义之列，达弥施却带着他一贯的挑衅态度，公开宣称自己是一个结构主义者。对于那些把后结构主义简单地理解为对符号的无限解释的人，达弥施会引用维特根斯坦和结构语言学加以反驳。对语言的效果（修辞学）的分析并没有让对支撑系统（语法）的思考变得过时：这无疑是他与解构主义最重要的分野。在《透视法的起源》中，达弥施一开始就开诚布公地宣布了意图：我们必须将自己置于"有意选取的结构主义视角"①。但结构主义视角恰恰意味着我们面对的不是一个充满二元对立的、像算法一样制造意义的系统。达弥施解释说（这正是悖论所在），主动置于"结构主义视角"中，将让我们更好地"揭示现象的历史维度"②。

这一论点显然有些令人意外，因为它与达弥施在书中前面几页的论述截然相反。达弥施此前引用了埃米尔·本维尼斯特的话，说索绪尔的革命性创举在于他发现了"语言中不包含任何历史维度，它是同步的、结构性的，仅仅起到象征性的功能"③。那么历时性呢，索绪尔结构主义建立的规范差异系统中似乎没有为历史预留

---

① Hubert Damisch, *L'Origine de la perspective*, 见前揭, p. 456。

② 同上。

③ Émile Benveniste, « Tendances récentes en linguistique générale », *Problèmes de linguistique générale I*, Paris, Gallimard, 1966, p. 5.

立足之地，我们又当如何处理这一问题？为了理解达弥施对索绪尔的观点所做的重新阐发，理解他试图建立的（与本维尼斯特的理论恰恰相反）将延续性和同时性、分析视角和历史性结合一体的结构主义理论，我们就必须首先理解一个在他的写作中贯穿始终的模型，也是他为 1997 年荷兰鹿特丹博曼斯美术馆（Musée Boijmans Van Beuningen）的展览《运动》（*Moves*）设计的展览模型：一个国际象棋棋盘（见图 3.1）。达弥施把所有展品设置在一个巨大的棋盘上，由于没有事先设计观展路线，观众需要自主选择自己的移动轨迹，这就将传统的艺术史线性叙事复杂化了。此外，国际象棋模型对索绪尔和整个结构主义运动来说都是非常重要的，达弥施对这个模型重新进行了阐释，不同于马塞尔·杜尚（Marcel Duchamp）的棋盘上冰冷的象牙棋子，达弥施在其中置入了各自满载记忆的艺术作品，以此来纠正结构主义理论中对历史的无视：

在国际象棋比赛中，索绪尔说，棋局有一个特点，就是不管棋子处于什么位置，都不受此前战局的影响，也就是说，棋子自哪一个位置、哪一个路径走到这里，与战局并非"没有多少关联"，而是完全无关，以至于从一开始就关注整个棋局走势的人，与那个在关键时刻

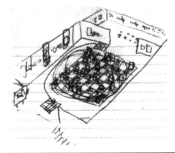

图 3.1　《运动》（*Moves*）展照片与整体草图（参见 Hubert Damisch，*L'amour m'expose*. *Le projet 'Moves'*，Paris，Klincksieck，2007，pp. 91，96）。

前来观战的好奇观众比起来，没有任何一丝优势。①

　　达弥施引用了索绪尔这个著名比喻，但与索绪尔不

---

① Ferdinand de Saussure, *Cours de linguistique générale*, R. Engler (éd.), Wiesbaden, Editions Harrassowitz, 1974, t. 1, p. 197 (N 10).

同，他并不认为国际象棋的这个特点标志着同时性（synchrone）战胜了历时性（diachrone），而是看到了系统拥有多重入口的可能性：一方面，棋盘上的棋子分布为玩家提供了审慎判断下一步如何落子所需的所有信息；另一方面，某一时刻特定的棋子分布只是整个历史发展过程中截取的一个瞬间、一个暂时结果（换句话说，两场不同的国际象棋比赛中可能在某个时刻会出现同样的棋局，两场比赛的结果却是完全不同的[①]）。

因此，把结构主义理论引入艺术史的目的不是要消解历史，而是要揭示历史的不同侧面和包含的全部问题，令隐藏其间的平行、对立和发散性的时间线各自浮现，包括其中次第发生的事件、所有的连续和断裂，从而揭示出其他的谱系。达弥施在"网格谱系学"的采访中作了非常清楚的解释：他的研究方法结合了结构主义分析与历史研究，朝着谱系学或考古学的方向发展。他说："福柯，还有乔治·杜梅齐尔（Georges Dumézil），都表现出了对意识形态考古学（l'archéologie de l'idéologie）的兴趣。"[②] 而这种针对并借助表现（Darstellung）的思想，可以看成这一研究方向的延续，但它比前者又更进

---

① Hubert Damisch, *L'amour m'expose*, Paris, Klincksieck, 2007, p. 91.

② Hubert Damisch, «Genealogy of the Grid», *The Archive of Development*, A. W. Balkema et H. Slager (dir.), Amsterdam, Rodopi 1998, p. 51.

了一步，采取了一种全新的形式，达弥施称之为"图形考古学"（archéologie graphique）。①

图形考古学的提出，令研究焦点逐渐脱离意识形态批判——这是路易·阿尔都塞（Louis Althusser）在《意识形态和意识形态国家机器》（*Idéologie et Appareils Idéologiques d'Etat*）里奠定的框架：在阿尔都塞看来，意识形态机制的本质，就是令人忘记它是一种人为的设定，而"不露痕迹地将那些'显而易见的事实'确立为不容置疑的事实"。就像所有显而易见的事实一样，"你和我都是主体"是一种意识形态效应，显然不是什么难以理解的问题。②在达弥施看来，意识形态从来都不是完全透明的：它表现为一些形式上的机制，留下各种标志和痕迹，在确立自身的同时也暴露了自己。因此，中心透视法的出现标志着表现（Darstellung）和再现（Vorstellung）的重合，也展示出了其中的联结方法。帕斯卡所说的"脑后的理念"——路易·马林（Louis Marin）和达弥施都对此作了精彩评述——在观看者眼前次第展开，把内心的想法投射在屏幕上，但这个

---

① Hubert Damisch, «Genealogy of the Grid», *The Archive of Development*, A. W. Balkema et H. Slager (dir.), Amsterdam, Rodopi 1998, p. 51.。

② Louis Althusser, «*Idéologie et appareils idéologiques d'État*», *Positions (1964-1975)*, Paris, Les Éditions sociales, 1976, pp. 67-125.

屏幕也会阻碍思考的主体对自身的完整理解，这正是荷兰建筑师汉斯·弗雷德曼·德弗里斯（Hans Vredeman de Vries）发表于 1604 年的一篇透视法实践论文中的这幅精彩插图所展示的（见图 3.2）。

图 3.2　汉斯·弗雷德曼·德弗里斯，《透视法》（*Perspectiva*, Leyde/La Haye, H. Hondius, 1604）插图 30。

这篇文章用很多具体实例对远点（point de distance）的测量程序做了理论阐述和插图演示，其重点就是要确定眼睛、画布表面和透视视角三者的交汇点。弗雷德曼·德弗里斯把这一操作称为空间的"捷径"（vercortinghe）。在众多透视图中，最引人注目的就是这第30号插图。图3.2中是一个年轻人的背影：他站在拱形内廊的门槛上，眼睛一眨不眨地盯着位于墙上神龛中心的灭点，似乎完全没有注意到其他从侧面走来的人。其他的构图线也全部汇聚在这一点上，虽然这个点本身在画面上并不可见——它被年轻人的头部挡住了。

通过对远点的设定，弗雷德曼·德弗里斯创造了视点和灭点的交叠；观看者"在自己的脑海中"亲临了自己的身体永远到达不了的地方：接近无限。绘画中对无限性的暗示（从而避免把它表示为一个具体的点——那样显然会令它受到限制）通常会借助帷幔的遮挡或大气的效果。因此，可以说弗雷德曼·德弗里斯创造了帕斯卡所说的（而且这一次是实实在在字面意义上的）"脑后"的无限理念。[1]不过，这个零点本身无法被直接表

---

[1] 参见 Louis Marin, «La pensée de derrière la tête: l'effet de l'infini», *Pascal et Port-Royal*, Paris, PUF, 1997, pp. 84-88。

达，因为它被观看者的身体挡住了；眼之所见，是其他任何眼睛无法把握的（叔本华已经说过：眼球注定永远无法出现在视野中）。从这个意义上讲，凝视始终对自身存在的前提视而不见，此处的前提就是空间透视机制，这种令其成为可能的先决条件，只有自主体脑后发出的凝视才能看到。

视网膜考古

视觉是通过什么方式实现的？眼睛又是通过怎样的网，像渔夫拉起网篓那样，把感性事物带到自己跟前？究竟是怎样的网，既保证了捕获量，又令渔人面临着随时卷入其中无法脱身的危险？在对眼底结构的研究中，阿拉伯医生惊奇地发现，他们看到的与古希腊医学中伽林传统的记述完全不同：希腊人所说的"amphiblestron"有罩袍——一种大衣或长外套（tunique）的意思，中世纪拉丁解剖学中也使用了 tunica（膜/长袍）这个名称。而阿拉伯医学论著中使用的则是另一个术语：tabaqa as-shabakiya，一个"网状层"（une couche réticulée）。

直到 12 世纪，视网膜这个名词才出现。托莱多西班牙学派的伟大翻译家杰拉德·德·克雷莫纳（Gérard

de Crémone）在把伊本·西那的医学论著翻译成拉丁文的过程中，并没有把形容词网状的（réticulée）翻译成拉丁文中的对应词（retiformis），而是直接从形容词翻译成了名词，从而创造了一个新术语，也就是我们现在使用的视网膜（rétine）。他还解释道，之所以叫作视网膜，是因为它看起来像一个展开的捕猎的网（sicut rete comprehendit venationem preda[①]）（通过回溯这个词的起源，我们看到，当杜尚把国际象棋棋盘的灰色物质和他所谓的视网膜的"愚蠢错误"加以区分时——达弥施在一篇谈杜尚和国际象棋的文章中专门探讨了这一区分[②]——确实不无道理）。

不过这种网状结构并非仅仅存在于眼睛后部的视网膜上，在视觉的各个阶段，不管在视网膜之前还是之后，都有网格框架结构的存在。是开普勒首先提出了著名的透镜无球差成像理论（stigmatisme，源自词根 stigmé，点），根据这一理论，物体上的每个点都对应了视网膜上的一个点，其前提是来自物体的光束先是被分

---

① Gérard de Crémone, *Avicennae libri in re medica omnes* … Canon Ⅲ, 3, 1, 1. 原文：«Extremitas nervi concavi comprehendit vitreum, sicut rete comprehendit venationem ［preda］, quapropter nominatur Retina»。

② Hubert Damisch, «The Duchamp Defense», trad. R. Krauss, *October* 10 (1979), pp. 5 - 28.

解，而后被重新分配。① 这样一来，图像会在眼睛底部的"暗墙"（opacum parietem）留下印记，也就是开普勒所称的"绘画"（picturae）。但视觉的过程并没有就此结束，这些画接下来必须被传送到心灵之中。开普勒解释说，尽管光学家没有设备做更深入的探索，但我们可以推测，有一个"总督导"（quaestor）在对图像进行甄选，让其中一部分进入头脑之中。② 然而，笛卡儿在《屈光学》中解释道（见图 3.3），这种传输操作实际上是一种翻译，因为神经系统传输的不是图像，而是编码的信息（笛卡儿在《人论》中曾把神经比喻成"小网"③ ）。因此，还需要一个转换器、一种无差别地处理一切信息的方式（或许这也是为什么笛卡儿喜欢铜版画多于绘画④）。

---

① 原文：《Adeoque se denique a punctis hemisphaerii rectae ducerentur per centrum retinae et vitrei humoris, illae puncta suae ipsorum picturae in opposita retina signabunt》（*Ad Vitellionem Paralipomena*, Johannes Kepler, *Gesammelte Werke*, W. F. Dyck et M. Caspar（éd.）, Munich, C. H. Beck, 1939, vol. II, p. 155）。

② Kepler, *Ad Vitellionem Paralipomena*, 见前揭, p. 152。

③ René Descartes, *Traité de l'homme*（*Œuvres*, éd. Adam‑Tannery, vol. XI, pp. 141–142）.

④ René Descartes, *Dioptrique* IV（*Œuvres*, éd. Adam-Tannery, vol. VI, p. 113）.

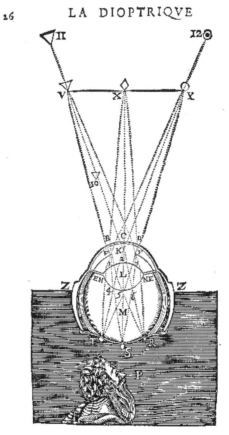

图 3.3 笛卡儿《屈光学》（1637）插图，版画，作者弗朗兹·范·舒滕，见《方法论》第三版第 5 部分，或 *La Dioptrique, Les Météores et La Géométrie*，Paris, Angot, 1668, p. 93。

是心灵在看，而不是眼睛——这种心灵的凝视遵循的并非感知连续体，而是其他分析原则。杜尚也继承了笛卡儿的传统，他在为国际象棋辩护时曾提到"棋盘的视觉外观总是会变成灰色物质"[①]。但视网膜本身（尽管杜尚经常对其嘲笑以对）是跟头脑一样具有选择性的。丢勒在他的绘画手册 *Underweysung der Messung* 中展示了为什么透视法（Durchsehung）必须借助一系列约束视觉的装置来让人看得更准确——那是因为它对看的对象进行了分割（见图 3.4）。

图 3.4　阿尔布雷特·丢勒，《正在描绘仰卧女子的画家》，木刻版画，7.5 cm×21 cm，收入 Albrecht Dürer, *Underweysung der Messung*, Nuremberg, 1538（参见 Albrecht Dürer, *Das gesamte graphische Werk*, éd. W. Hutt, 2 vol., Munich, Rogner & Bernhard, 1970, p. 1460）。

---

① 马塞尔·杜尚 1958 年 5 月写给戈尔德（Laurence Gold）的信，（转引自 Laurence S. Gold, *A Discussion of Marcel Duchamp's View on the Nature of Reality and their Relation to the Course of his Artistic Career*, undergraduate thesis, Department of Art and Archaeology, Princeton University, 1958, p. 54）。

透过网格的交叉点观察，就是对可见物进行安排部署，以便更好地掌握它，把它分解成一小格一小格，以便更加小心谨慎地处理，在保持适当距离的同时占有它（尤其是当面前是一具女性的身体时）。令感性事物臣服于网格平面的法则，可以更好地控制它，并获得其理念：

> 我对网格、棋盘和所有空间划分、连接或映射形式的迷恋，在某种程度上是考古学的。……我在探寻网格的谱系。网格最初出现在占卜活动中：古人，包括古希腊人，用石头和卡片进行占卜，并将它们散布到一个事先划定的规则的区域中，这个空间就起到网格结构的作用。[1]

这令人想到美索不达米亚平原出土的大量公元前 2000 年左右的泥板，巴比伦人曾用它们来施展"读肝术"（hépatoscopie）——换句话说，用观察肝脏的方式进行占卜[2]（见图 3.5）。对器官进行网格划分是进行占卜的

---

[1] Hubert Damisch, «Genealogy of the Grid»，见前揭，p. 54。

[2] 参见 Jean Bottéro, «Symptômes, signes et écriture en Mésopotamie ancienne», J.-P. Vernant (dir.), *Divination et rationalité*, Paris, Seuil, 1974, pp. 76 - 77。

图 3.5　用于读肝术占卜的泥板，美索不达米亚平原（伊拉克）出土，宽约 14.6 cm，收藏于法国巴黎，卢浮宫。

依据，也是一种记忆辅助，因为在阅读预兆时，占卜者会使用这些泥板，在每个小格中心的凹陷处做记号，记录过去的预言。也可以说这是利用回顾来更好地展望未来。作为游戏的基础，网格对所有类型的操作进行了规划，达弥施在《作为意志与表象的网格》（La grille comme volonté et représentation）这篇文章中如此解释。网格几乎是难以觉察的，但它体现着一种意识形态，并作为其先决条件而存在：它是没有基础的基础，在其中互为支撑的是"意志与表象"[①]。

尽管如此，达米施的图形考古学却并不包含人们通常所说的意识形态批判。他的研究目的不是为了回到先于一切被规定物出现的、对后者起到规范作用的底层结构，一种在任何说话者出生之前就已经确立的规则、无形的语法。达弥施所从事的是一种视网膜考古学，这一研究最终在《透视法的起源》（*L'Origine de la perspective*）中宣告完成。可以看到，它与爱德蒙·胡塞尔此前确立的几何学起源研究之间有着明确的连续性。《几何学的起源》（L'origine de la géométrie）是胡塞尔的著作《危机》（*Krisis*）的附录，而达弥施的老师莫里斯·梅洛-庞蒂就是最早读到这本书的人之一。 1939年，梅洛-庞蒂在鲁汶档案馆读到了这部著作的手稿。几年之后，梅洛-庞蒂建议自己的学生于贝尔·达弥施选择透视问题作为硕士论文研究的主题[②]，而梅洛-庞蒂

[①] Hubert Damisch, «La grille comme volonté et représentation», *Cartes et figures de la terre*, cat. exp., Paris, Centre Georges Pompidou, 1980, p. 31.

[②] 参见 *L'Origine de la perspective*, p. 105, note 12："除了雅克·德里达为《几何学的起源》写的序言，我还参考了莫里斯·梅洛-庞蒂在1959—1960年在法兰西学院讲授的"超越现象学的胡塞尔"这门课的思想，他请我做这门课的教学助手，而我在课上所做的笔记时刻提醒着我自己应深深感激他对我的赠予。是梅洛-庞蒂建议我在阅读（转下页）

自己则制订了一个新的研究计划，最初定名《真理的起源》（*L'origine de la vérité*），后更名为《可见的与不可见的》（*Le visible et l'invisible*）。

对于胡塞尔来说，"起源"（ursprung）的意思并不是"开始"（anfang），而是一种建制（institution）、建立（stiftung）。达弥施在这里对结构主义和现象学进行了嫁接，他把结构视为一个持续的起源。这就是为什么一方面网格是投射的前提，另一方面，正是投射这个操作带来了网格的出现："严格地说，没有建制（institué），不成方格。"① 达弥施举了古代城邦的建立仪式为例：建立一个新的殖民地意味着要建立城市网络，但城市网络之所以存在，正是因为它的形式被描绘在了地面上。②

意识形态批判（以及有关象征形式的哲学）的笃信

（接上页）卡西尔的基础上同时阅读帕诺夫斯基关于透视法的文章，当时我正在他的指导下完成高等教育的学位论文。这个时期，除了他之外，整个巴黎再没有别人对这两位作者的研究给予关注。"或许还有必要补充一点，梅洛-庞蒂阅读了《云的理论》的初稿（保存在巴黎高师的梅洛-庞蒂私人图书馆藏中，我们还能找到《云，一种造型的工具》（《Un outil plastique, le nuage》，1958 年发表于 la *Revue d'esthétique*）这篇文章的影印本。

① Damisch, «La grille comme volonté et représentation»，见前揭，p. 30。

② Damisch, «Genealogy of the Grid»，见前揭，p. 54。

者犯下的错误，在于他们赋予了这些基本形式以存在论地位，却因此忘记了它们同样经历了诞生、发展和建立的过程。

网格不是一种结构，即使它最终可能作为形成结构的条件出现。事实上，方格的所有逻辑属性，甚至规范的表格布局（例如我们说的纸张排版），都不足以定义一种结构布局。……网格不是结构，它只是一种形式——而正如维特根斯坦所言，形式是结构的可能性。（《逻辑哲学论》 2.033）[1]

达弥施认为，自 20 世纪初以来，透视法之所以能为艺术史带来巨大的财富，是因为人们希望看到"严格界定的、具有内在一致性的对象"，并且希望能够轻松追溯到它的起源和进化。[2] 因此，透视法仅仅是一种形式，严格地说是一种象征形式。如果不把网格视为一种形式，而是一种结构，也就是列维-施特劳斯所说的既没有开始也没有结束的转化表（grille de transformations），又会怎样？若真如此，又要如何为这无头

① Hubert Damisch, «La grille comme volonté et représentation», 见前揭，p. 31。

② Hubert Damisch, *L'Origine de la perspective*, 见前揭，p. 25。

无尾的转化表书写历史？在某种程度上，这就是"透视
法的起源"这个计划的悖论所在。在透视法问题上，我
们发现自己面临着本维尼斯特在语言研究中提出的同样
问题："如果有历史，那它又是什么的历史？"①

透视法作为一种表述机制

如果透视法并不是某种开始，而是胡塞尔所探讨的
起源问题②，有一点是肯定的：它与佛罗伦萨和文艺复
兴并无关联。达弥施在这本书的第一章中说得相当清
楚：人们对帕诺夫斯基《作为象征形式的透视》一书的
理解存在着一个问题，那就是把透视问题简化为一个有
着明确历史源头的问题，而实际上透视法并不是文艺复
兴时期的专属，而是一种更为普遍的"表述机制"
（dispositif d'énonciation）。即使如此，如果透视确实等同
于一种表述机制，那么用对称方法来对前者加以解释，
即认为整个透视问题都是在其尾声（换句话说，伴随着

---

① Hubert Damisch, *L'Origine de la perspective*, 见前揭, p. 25。

② 达弥施本人曾在访谈中表示："尽管我在《透视法的起源》（1987）中用
了'起源'这个词，但它却并不意味着回归本源。实际上这是针对
'origin'这个词的文字游戏，《透视法的起源》首先是对胡塞尔《几何
学的起源》的戏仿。"«（Yve-Alain Bois, Denis Hollier, Rosalind Krauss,
Hubert Damisch, «A Conversation with Hubert Damisch», *October* 85
(1998), p. 5).

现代性的产生）浮现的，也同样具有误导性。而这恰恰是克里斯托弗·伍德（Christopher Wood）的创新阐释。在伍德看来，《透视法的起源》是"自 1927 年帕诺夫斯基《作为象征形式的透视》出版①以来关于透视的最重要的论著，它旨在证明，在现代时期，透视的真正意义就在于它无法实现自己的野心"②。

对透视的起源问题的探讨因此将从它的尾声、从它的终结开始。这种解释方式虽然颇具启发性，却不免刻意，因为它恰恰混淆了起源和开始。达弥施并没有如此鲜明的怀旧情结，他所追寻的《透视法的起源》并不在《忧郁的热带》（*Tristes tropiques*），不会随着他步步逼近自己的目标而无情地为后者敲响丧钟。当达弥施谈到熵时，他谈的是任何一局国际象棋游戏都不可避免地走向结束。但如果随着每一次落子，可能性的范围也逐步变小，那它会走向负熵，走向重新开始，令一切都再次成为可能。并不存在什么历史主义和现代主义之间的取舍，此外，似乎我们还需要进一步弄清楚从"表述机制"的角度思考透视法究竟意味着什么。

---

① Christopher Wood, « Une perspective oblique. Hubert Damisch, la grammaire du tableau, et la *Strukturanalyse* viennoise », Cahiers du Musée National d'art moderne, n° 58 (hiver 1996), p. 107.

② 同上书，p. 120。

《透视法的起源》写道："作为一种范式，透视法建立了一系列形式机制，也相当于一种表述机制。"① 这一观点显然十分大胆，应该放在 20 世纪六七十年代结构主义论战的背景下来理解。从《云的理论》开始，达弥施就一直在思考绘画表达的可能性条件。在"句法空间"这一章的开头，他引用了埃米尔·本维尼斯特的一句拉丁文题铭：*Nihil est in lingua quod non prius fuit in oratione*（语言中没有什么不是早已存在于言说中的）。② 也就是说，语言在本质上依赖言说，而所有的语言表达都来自表述行为。

在《透视法的起源》中，达弥施想弄清楚这句话反过来是不是也同样成立，我们是不是也可以因此宣称 *Nihil est in oratione quod non prius fuit in lingua*（没有什么话语不是早已存在于语言之中的），换句话说，是不是所有的表述都必然体现了语言的秩序？如果由埃米尔·本维尼斯特来回答这个问题，那答案再清楚不过：是语言构成了所有可能的表达必然遵循的模式。本维尼斯特 1969 年写的文章《语言符号学》（Sémiologie de

---

① Hubert Damisch, *L'Origine de la perspective*，见前揭，p. 459。

② Hubert Damisch, *Théorie du/nuage/. Pour une histoire de la peinture*, Paris, Seuil, 1972, p. 115. Benveniste, *Problèmes de linguistique générale*，见前揭，p. 131。

la langue)① 中用几页论述总结了他眼中的索绪尔结构主义语言学革命的本质，并指出，在此基础上，一种囊括所有符号系统（当然也包括非语言系统）的符号学也同时成为可能。本维尼斯特指出，语言符号在这里虽然作为模型出现，但这并不意味着它具有等级上的优先：在广义的符号学中，所有的意指系统都处于平等地位，无论是写作、音乐、绘画、雕塑还是电影。不过，口头语言是其中唯一一种元语言，人们需要用它来指称其他语言：当需要提到一个圆锥时，我们不会用另一个圆锥，而是使用语词来表述。因此，本维尼斯特坚称，如果说言语不是构成语言表达的唯一元素，那它一定是唯一能够体现出语言的真实自反性的因素。因为它可以进入表达的元层面，不仅可以自我指涉，还可以指向语言之外的所有表达系统。

　　本维尼斯特的观点获得了几乎所有结构主义学派的支持，甚至也包括那些力图将符号分析扩展到语言之外的学者。例如在电影符号学方面产生重要影响的克里斯蒂安·梅茨（Christian Metz），竟然也从未对这一信条产生过质疑。"语言可以表达所有其他符号系统能够表

---

① Émile Benveniste, «Sémiologie de la langue», *Problèmes de linguistique générale II*, Paris, Gallimard, 1974, pp. 43 – 66.

达的东西，尽管有时它表达出的只是近似意义。"① 因此，在某种程度上，结构主义的先天缺陷就在于它作为一门语言科学出现：所有试图摆脱结构主义并成为一门普遍的符号科学的努力，都难以剥离它的先天特征。在此之前，路易·马林已经看到了这一点，并且指出这一问题如何困扰着索绪尔："索绪尔认为，要令语言学成为一门科学，只能将其引入一种普遍性的符号科学，但这种不同于语言符号学的普遍性的符号科学，却必须在作为科学的语言学模型基础上才能建立起来。"②

这是一个双重论断：①达弥施用了 500 多页来讨论透视法的起源，根据艺术规则证明了本维尼斯特的观点是站不住脚的，绘画中就包含了一种自反性。②《透视法的起源》并没有止步于对绘画的自反性的论证，而是进一步通过对绘画中的透视法的反思，揭示出了语言的一个基本特征：语言的指示性或示范性正是语言本身包含的不可化约的感性维度的体现。③

---

① Christian Metz, «Le perçu et le nommé» [1975], *Essais sémiotiques*, Paris, Klincksieck, 1977, p. 148.

② Louis Marin, «Éléments pour une sémiologie picturale» [1969], in *Études sémiologiques: écritures, peintures*, Paris, Klincksieck, 1972, p. 18.

③ 请读者不要忘记，"表述"（énonciation）这个词本身已经带有不可否认的感性维度，因为 énonciation 的词源来自 enuntiatio，指的是大声地朗诵 declamation。事实上，在印欧语词根 * neu 中，包含了 clameur，（转下页）

Nihil est in oratione quod non prius fuerit in lingua，没有什么话语不是早已存在于语言中的吗？这就等于忽视了绘画语言，阿尔贝蒂在《论绘画》（*De pictura*）中就称其为视觉话语（oraison visuelle）。并且在谈论画中物体的轮廓时，阿尔贝蒂用的词是"ora"，也就是事物的边缘，是事物进入可见领域的门槛，也是嘴巴"ora"，话语之门。[①] 但眼下，让我们把所有关于绘画的观点放在一边，像达弥施希望的那样，来看看绘画自身的表述机制：暂且先放下莱昂·巴蒂斯塔·阿尔贝蒂和他在 1435 年写下的《论绘画》，先来看看菲利普·布鲁内莱斯基在 10 年之前做的实验。

佛罗伦萨 1425：布鲁内莱斯基的镜像装置

让我们回溯历史，回到 1425 年的佛罗伦萨圣母百花大教堂广场，更确切地说，回到大教堂荫凉的门廊下。几年之后，在布鲁内莱斯基的主持设计下，这里将

（接上页）即大声喧哗，但 nuntiatio 也可以追溯到另一个词根，即词根 * nov，表示新事物的发布、新事物的到来，这与传递信息的人、与特使（nonce）有关。口头发言并不是宣布事情的唯一方式。

[①] Leon Battista Alberti, *De pictura* I 2 (*De la peinture*, trad. J.-L. Schefer, Paris, Macula, 1992).

建起一座穹顶。[①] 在这一年的某一天，主教堂的门廊将见证现代知觉史上的一次重大事件，并且有证据表明，当时的人们也充分意识到了它的重要性。因为就在同一年，布鲁内莱斯基被任命为圣乔瓦尼区的首席议员（换句话说，政治代言人），更重要的是，不同于中世纪艺术匠人的匿名传统，布鲁内莱斯基是第一个有正式传记流传下来的艺术家。安东尼奥·马内蒂在 1480 年前后完成了他的传记，并用了重要篇幅来记载这一事件。

就这样，在 1425 年初的某一天，布鲁内莱斯基在佛罗伦萨大教堂入口的庇荫处架起了画架，但他要画的不是大教堂，而是面朝东方的八角形圣洗堂（这个圣洗堂的图案后来还作为他的标志，出现在圣乔瓦尼区的区旗上）。马内蒂写道，他画的这幅画只有半臂长（不到 30 厘米），描绘了圣洗堂的东立面和主教堂广场的其他部

---

① 有关布鲁内莱斯基 1425 年实验的具体日期，参见 Samuel Y. Edgerton, *The Mirror, the Window and the Telescope. How Renaissance Linear Perspective Changed Our Vision of the Universe*, Ithaca, Cornell University Press, 2009, chap. 10, 以 及 Eugenio Battisti, *Filippo Brunelleschi*, New York, Rizzoli, 1981。针对支持比此更早的日期的观点，埃杰顿和巴蒂斯提（Battisti）认为可以根据两个理由将其排除：①与马萨乔《圣三位一体》的创作时间重合，以及②有证据表明布鲁内莱斯基的试验得到了年轻的数学家托斯卡内利（Paolo Toscanelli）的帮助，而后者 1425 年才回到佛罗伦萨。

分。艺术家在画中天空的位置"贴上了抛光的银片，这样空气和自然的天空、云朵就在画面上反射出来，起风的时候，我们可以在银镜中看到云朵飘过"①。

这幅画完成后，布鲁内莱斯基把画板翻了过来，在画板背面中心处打了一个小洞，马内蒂描述，这个洞"比小扁豆（lentille）大不了多少"（这句话是否别具深意？lentille 是一个多义词，既指含淀粉的蔬菜小扁豆，也指透镜这种光学装置，他是不是以此暗示了什么？我们不得而知）。现在，布鲁内莱斯基把画板的反面对着圣洗堂放置，把眼睛凑近开孔处，又在画对面一臂的距离之处摆上了一面镜子（见图 3.6）。透过小孔能看到镜中倒映的圣洗堂广场。马内蒂解释说，透过画板背面的洞看过去，会有一种"看到真实事物"的感觉（pareva che si vedessa 'l propio vero）。这面可移动的镜子可以升高或降低：画中的圣洗堂和银镜背后的真正的圣洗堂，总是重合的。马内蒂说他自己也曾经拿着布鲁内莱斯基发明的这个装置做过实验，他"曾经看到

---

① 原文：«messo d'ariento brunito, acciò che l'aria e' cieli naturali vi si specchiassono drento, e così e nugoli, che si veggono in quello ariento essere menati dal vento, quand'e'trae» (Antonio di Tuccio Manetti, *Vita di Filippo Brunelleschi, preceduta da La Novella del Grasso*, éd. D. de Robertis, Milan, Polifilo, 1976, p. 58)。

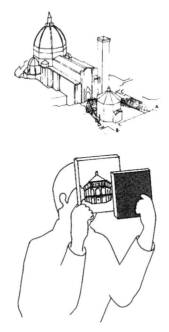

图 3.6　布鲁内莱斯基实验
1——操作方法（参见 Hubert
Damisch, *L'Origine de la per-
spective*, Paris, Flammarion, 1987,
pp. 115, 142）。

过好几次，可以亲自证明这一效果"①。简而言之，这种双

---

① 原文：«al guardarlo, con l'altre circustanze dette dello ariento brunito e della
piazza ecc. e del punto, pareva che si vedessi 'l propio vero; e io l'ho avuto in
mano e veduto più volte ámia dì, e possone rendere testimonianza»（转下页）

重装置，通过可调节的孔径和镜子的反射，使图像相对于它所描绘的现实来说真正变成了透明的；这就是"敞开的窗户"的出现，只不过直到 1435 年阿尔贝蒂才在他的《论绘画》中正式提出了这个比喻。[①] 这种对现实的直接反映，一般被认为是文艺复兴时期绘画的主要特征，现在我们看到，它的源头其实只是镜子和它的媒介作用。

为了实现这样的透明效果，显然必须根据反转的对称原则来创作这幅画，这使评论家们纷纷猜测布鲁内莱斯基使用了镜子（埃杰顿）、建筑平面图（达弥施）甚至有人认为他使用了暗箱，这令门廊的暗影成为可能[辻茂（Shigeru Tsuji）]。[②] 长期以来这些猜测一直困扰

（接上页）(Manetti, *Vita di Filippo Brunelleschi*, 见前揭, p. 59)。在此我们暂且将布鲁内莱斯基的第二次实验搁置一旁。参见 Edgerton, *The Mirror, the Window and the Telescope*, 见前揭, chap. 8：«Brunelleschi's Second Perspective Panel»。

① Leon Battista Alberti, *De pictura* I 19 (*De la peinture*, trad. J.-L. Schefer, Paris, Macula, 1992, p. 115)。

② 乔塞夫（Decio Gioseffi）(*Perspectiva artificialis*, Trieste, Università degli Studi di *Trieste*, 1957)认为布鲁内莱斯基直接在镜子上作画（这一假设在他的时代得到了鲁道夫·阿恩海姆等人的支持，但今天已被大多数学者所否定），而埃杰顿则认为镜子只是作为辅助工具(Samuel Y. Edgerton, *The Renaissance rediscovery of linear perspective*, New York, Basic Books, 1975, chap. X)。其他学者则试图将该装置的原理归于中世纪的光学原理(Alessandro Parronchi, «Le due tavole prospettiche del Brunelleschi», *Studi sulla dolce prospettiva*, Milan, Martello, （转下页）

着研究人员，因为马内蒂只顾着强调布鲁内莱斯基的实验如何易于操作，任何路人都可以重复这一实验，却并没有说明布鲁内莱斯基是如何完成这幅画的，而据说原装置中的画板在 15 世纪就已经遗失，令人们无法一探玄机。

然而，所有那些试图填补马内蒂的叙述空白的研究，最终却只是转移了人们的注意力，让人忽略了真正的决定性因素：布鲁内莱斯基的实验中的关键因素并不在此，马内蒂在他的叙述一开始就点明了这一点。这位传记作者完全没有提到这幅画的创作方法，不仅仅是因为写作时间相距久远［《菲利普·布鲁内莱斯基的一生》(*Vita di Filippo Brunelleschi*）是在事件发生几十年后写下的］；而且因为就这幅画本身来说，画板的制作过程实

（接上页）1964，pp. 229 - 295）或更可信地将其解释为一种平面测量程序 (Martin Kemp, «Science, Non-Science and Nonsense. The Interpretation of Brunelleschi's Perspective», in *Art History* 1 (1978), pp. 134 - 161)。让茂甚至大胆断言，布鲁内莱斯基在实验中利用了暗箱原理，这一解释被基特勒 (Friedrich Kittler) 采纳 (Friedrich Kittler, *Médias Optiques. Cours berlinois*, Paris, L'Harmattan, 2015)。关于这一辩论的概述，参见 Johannes Grave, « Brunelleschi's Perspective Panels. Rupture and Continuity in the History of the Image», *Renaissance? Perceptions of Continuity and Discontinuity in Europe*, sous la dir. d'Alexander C. Lee et al., Leiden-Boston, Brill, 2010, pp. 161 - 180)。不过，由于缺乏关于具体尺寸和技术方面的信息，我们在这个问题上可能永远不会得到明确答案。

际上并不重要，布鲁内莱斯基发明的这个装置的价值并不在于画板上的图像，相反，这个装置令任何图像都可以被拿来与现实进行比较。正如达弥施所说，作为一个"开端时刻"（moment inaugural），布鲁内莱斯基的实验开创了一种新的标准或结构，而不是某一种风格或绘画技巧。在某种程度上，可以说从布鲁内莱斯基开始，理论超越了实践，为后者指明了要达到的境界。图像必须与人们眼前所见合为一体，自然透视和人工透视就此融合交汇、无法分离。

　　然而，要做到这一点，观众的位置必须是固定的。大家应该还记得，柏拉图曾提议封杀画家的作品，并建议人们随身带一面镜子，物体会随着视角移动反射在镜子里。① 布鲁内莱斯基则正好相反，他要求观众是静止的。只有把视线缩小到一个固定角度，镜面图像和透视图像才会彼此透明。总之一句话，在探索视觉边缘的过程中，要把眼睛和注视分离开，把中央视角从移动的凝视中分离出来。绘画的镜像阶段是随着指定位置的出现才到来的。

　　孔洞和镜子之间的游戏与图像展示的内容（la mostrazione）无关，却是证明（la di-mostrazione）图像

---

① 原文：«che in ogni luogo che s'esce di quello ha mutare l'apparizioni dello occhio» (Manetti, *Vita di Filippo Brunelleschi*, 见前揭, p. 58)。

合法性的必要条件。因此，布鲁内莱斯基首先借助画板展示了他使用的人工视角（nella prima cosa in che e'lo mostro），但更重要的是，他借助穿过孔洞的视线看到的镜面图像（per quanto s'aveva a dimostrare）证明了这聚焦方法的准确性。

在菲利普·布鲁内莱斯基设计的光学装置中，最值得注意的是，固定的视点既是条件，又是结果，用拉康的术语来说，它在显露（phanisis）和隐匿（aphanisis）之间摇摆不定，在出现和消失之间来回振荡[①]。视线被固定到一个点之后，它在镜子中看到的是图像的灭点，而灭点在图像中是始终不可见的，它恰好被镜中反射的眼睛遮蔽了（见图 3.7）。如果说是观众的观察点构建了灭点，那么灭点反过来又确立了观众的位置。因此，布鲁内莱斯基开辟了透视主体的镜像阶段，并在此过程中发现了固定观看点——这个同时自我复制和自我遮蔽的固定视点，让·佩勒翰·维亚多（Jean Pelerin Viator）在他 1505 年的论著《论人工透视》（De artificiali perspectiva）中首次把这个固定视点命名为"主体"[②]（不过

---

① Hubert Damisch, *L'Origine de la perspective*, 见前揭, p. 139。
② "透视法中的主要视点应该被构建并确立在眼睛的位置：这个点被称为固定视点，或者主观视点"（参见于贝尔·达弥施：H. Damisch, *L'Origine de la perspective*, 见前揭, p. 141）。

图 3.7　图像后面的主体，布鲁内莱斯基实验 1（参见 *Philippe Colmar：La perspective en jeu. Les dessous de l'image*, *Paris*, 1992, *p.* 33）。

他并没有能够预测透视这个词的未来命运）。

令人遗憾的是，阿兰·德·利贝拉（Alain de Libéra）在他雄心勃勃的《主体考古学》（*Archéologie du sujet*）中没有关注观察者的存在，而后者在现代主体性的构建中无疑发挥了重要作用。[1] 虽然达弥施也指出了这一方向，但让我们把这条线索暂时放在一边，因为本书关注的焦点并非"主体的镜像阶段"问题，而是"绘画的镜像阶段"本身，正如《透视法的起源》中一个段落标题所暗示的那样。因此，让我们回到最初的假设，把这本书看作对本维尼斯特的观点的回应。

从"语言的视角"谈起

在《透视法的起源》最后一部分，达弥施写道，"埃米尔·本维尼斯特试图证明，只有语言具备解释自身的能力，同时语言也是所有其他符号学系统的唯一解释者——在他看来，这种解释关系保证了两类不同的符号系统分享的共同规则，一些系统有着自身特有的语法规则，而另一些系统只能借助其他表达方式，以其为框架表达自身。……他也承认，有趣的是，解释和被解释、"阐明"和"被阐明"的系统之间的区分只有"从语言的角度来看"才有意义。[2]

这本书最后一节的大部分内容都出自达弥施 1984

---

① Alain de Libéra, *Archéologie du sujet*, Paris, Vrin (vol. I. *Naissance du sujet*, 2007, vol. II: *La quête de l'identité*, 2008, d'autres volumes sont en préparation).

② Hubert Damisch, *L'Origine de la perspective*, 见前揭, p. 457。

年在巴勒莫举行的一次关于符号学和人文科学的关系的座谈会上的发言，在发言中，他对本维尼斯特所持的有关口头语言优越性的教义提出了明确质疑。[①] 对绘画及其内部关系的分析确凿无疑地反驳了只有语言才有能力指涉自身的观点。正是绘画史向我们揭示了这些反观游戏的重要意义：一幅只关涉绘画自身的画作也有很多内容要展示，同样地，一种只讲述自身的语言仍然有很多东西要说。达弥施认为，画间性（interpicturalité，"如毕加索的《宫娥》"）或画内性（intrapicturalité，如"委拉斯贵支的原作"）现象证明，绘画有办法"通过自己的视角，用自己独有的形式来解释自己"[②]。这也是皮埃尔·弗朗卡斯戴尔（Pierre Francastel）在《形象与位置》（*La figure et le lieu*）中提出的观点：具象系统"不需要利用语言思维，或者说语言的象征意义，来领会价值"[③]。

---

① Hubert Damisch, « Le travail sémiotique », *Semiotic Theory and Practice. Proceedings of the Third International Congress of the IASS Palermo 1984*, vol. I, Berlin, Mouton & De Gruyter, 1988, pp. 161 - 173.

② Hubert Damisch, « Le travail sémiotique », *Semiotic Theory and Practice. Proceedings of the Third International Congress of the IASS Palermo 1984*, *vol. I*, Berlin, Mouton & De Gruyter, 1988, p. 169.

③ Pierre Francastel, *La figure et le lieu. L'ordre visuel du Quattrocento*, Paris, Denoël/Gonthier [1967], 1980, p. 47.

　　所有这些，在一部有关符号学在非语言系统中的应用的历史学著作中，可能只会占一个章节。很难相信这本书会以此作为结论：谁会用整整 500 页有关透视问题的论述来证明绘画中画间性和画中性的存在？但是，他对透视模式的分析揭示了另一个超出了严格的绘画框架之外的指意维度的存在，简而言之：展示了所有意义中包含的透视特征（其中也包括语言）。本维尼斯特的表现——也可以说口误——在这一点上很具启发性：什么是"从语言的视角"说话，语言中的视角又是什么呢？

　　达弥施并不是一个现代主义者，线性透视法既没有终点，也没有开端，这一点从克莱门特·格林伯格（Clement Greenberg）和达弥施对深度问题截然不同的态度中就可一探端倪。格林伯格认为透视艺术只应被视为绘画史上一个不幸的插曲，并要求现代艺术再次回到拜占庭艺术及其对平面性的强调，而达弥施则与梅洛-庞蒂观点一致，认为真正的深度问题不是三维的幻觉，而是侧显性（latéralité）。"梅洛-庞蒂在伯克利提出了如下论点：我们所称的'深度'只有对一个从旁边观察它的观众才有意义，因此是侧面的。"[①] 在梅洛-庞蒂看来，

---

① Hubert Damisch, *L'Origine de la perspective*，见前揭，p. 459。Maurice Merleau-Ponty, *Phénoménologie de la perception*, Paris, Gallimard, 1945, p. 295.

在所有的空间维度中，深度是最重要的，因为它"不是物体本身的标记，而且它显然来自视角而不是事物"①。宽度至少还可以被视为事物的内在关系或事物之间的联系，而深度则是一个涉及主体参与的维度，而且这个运动主体从一开始就不只是以正面面对世界的：它是一个侧显的主体，一个位于斜方的观察者。

"透视范式不仅树立了在'主体'面前永远存在的他者，还引入了第三方——一个在此之前一直被沉思性的艺术（如中世纪艺术）所排斥的第三方。正是它让从一个位置到另一个位置的过程大大缩短了。"② 因此，达弥施所强调的，就是透视所起到的连接和分离作用。尽管布鲁内莱斯基的透视装置固定了眼睛所在的位置，但它本身是一个移动装置，可以供任何观察者使用。因此，达弥施精彩地总结道，透视主义只不过是"'脱离'（débrayer）一个视角，进入另一个视角的可能性"③（见图 3.8）。

达弥施提到的转换器（embrayeur）是对罗曼·雅

---

① Maurice Merleau-Ponty, *Phénoménologie de la perception*，见前揭，p. 296. 在法兰西学院的课程笔记中，梅洛-庞蒂宣称"透视法与哲学批评有着同样的功能：在主体性与客体性之间、视点与现实之间的联系"（Maurice Merleau-Ponty, *L'institution-la passivité. Notes de cours au Collège de France*, Paris, Belin, 2003, p. 82）。

② Hubert Damisch, *L'Origine de la perspective*，见前揭，p. 459。

③ 同上书，p. 68。

图 3.8 弗拉·卡尔内瓦莱（Fra Carnevale），《理想城市》（*Cité idéale*，约 1445—1484），木板油画和蛋彩画，收藏于美国巴尔的摩，华特斯美术馆。

各布森（Roman Jakobson）提出的语言学概念的引用。① 转换器——英文中的 shifters——指的是所有那些空有概念的词（如：我、你、现在、这里、那里、这个、那个）必须在话语中获得具体化，但也因此即刻失去其价值。黑格尔在《精神现象学》"感性确定性"这一章中也谈到了这种淘汰过程，他把这些词称为"指示词"。虽然此刻写下"现在是晚上"这句话可能有意义，但明天早上我们再重读这句话时，这个句子就失去了所有价值。然而，如果没有指示词、地点、位置和对空间距离的感知，就不可能有语言；不包含任何视角

① Roman Jakobson, «Les *embrayeurs*, les catégories verbales et le *verbe russe*», *Essais de linguistique générale*, Paris, Minuit, 1963, pp. 176 - 196.

（persp-ectivité，透视性）的语言就像一张未知城市的地图，上面没有一个红点来显示我们所处的位置。因此，转换器的功能就是使语言运动起来，使其向某一方向弯曲、投射出某种意义的地平线，一切语言表达都是从指定的位置发出的。达弥施用维特根斯坦的话对此作出了完美的总结：一个词"只是一个点，而命题则是承载着意义的矢量，也就是说，它具有一个方向"[①]。

但是，如果说转换器具有符号的指称功能，那么与之相反的运动——脱离——也同样重要。"我"这个词，作为主体最私密的财产被据为己有，但主体也必须立即把它让渡给对话者，后者将用同样的词从他的立场出发来说话。因此，"我"是最私人化同时也是最无所归属的指称。

让我们来总结一下。现在可以看到，《透视法的起源》是一本讨论"绘画反观自身"的书。在绘画反观自身的运作机制过程中，达弥施认为它："既确立了主体的定位、一门科学的出现，还有绘画再现的地位"[②]。但是，尽管语言中包含许多指示作用的词（也就是上文提

---

① Damisch, *L'Origine de la perspective*，见前揭，p. 459。Ludwig Wittgenstein, *Tractatus logico-philosophicus*，3. 144，原文：«Namen gleichen Punkten, Sätze Pfeilen, sie haben Sinn»。

② Hubert Damisch, *L'Origine de la perspective*，见前揭，p. 457。

到的指示词）这些词并不会展示出指示的内容，因此恰恰不具有本维尼斯特所说的自反性。因此这不是对语言学中的范畴——如指称或转换器——的直接移用，在这种返回自身的操作中，绘画发出了超越自身的声音：所有表述所必需的视角的存在（透视法）。

语言的"等价性"是一个经常被强调的特征，也就是说，它几乎可以在任何情况下使用。无论什么情境——真实的或虚拟的、具体的或隐喻的——都可以用语言表述出来。不过，尽管所有的语言在本质上都是非语境化的，但它还需要不断地再次被语境化，才能发挥其作用。像"去"和"来"、"带来"和"带走"这样的动词，如果没有确定的主体位置，就是没有意义的。转换器的功能恰恰是为表达提供一个锚定点。通过对指示词在言语中的作用的强调，《透视法的起源》揭示了语言思考中的一个盲点：它对视觉参照（visualité）的依赖。20世纪80年代初，奥马尔·卡拉布雷斯（Omar Calabrese）已经注意到这一方向，他指出语言学中的大多数术语（"方面化""聚焦""透视""局部化""观察者""隐匿""观点"等）都来自视觉。卡拉布雷斯并没有像其他研究者那样思考如何将结构语言学扩展到视觉分析和解码"绘画语言"的领域，而是指出了扭转趋势的可能性，简单地说，他指出了表述理论在多大程度上可以借助绘画转向来理解自己的基础。①

继奥马尔·卡拉布雷斯之后，达弥施将这种直觉推到了极致：因此，透视并没有被简化为一种"表述的几何学与具象领域的类比"②，达弥施本人对此的表达还更为谨慎。显然，透视法的意义远不止于此：它通过感性的方式证明了，通过空间构图，可以创造出与语言类似的表达。《透视法的起源》的最后一章暗示了这一观点：本书作者还没有完全揭示透视的本质包含的全部重要性。达弥施似乎在自己的发现面前退缩了，在书的结尾处，他有意回避了这个观点，顾左右而言他，令这个观点几乎没有得到任何回应。在这本《图形考古学》出版 30 年后，现在是时候回应这个邀请，对视角的反转问题作出思考了。

---

① Omar Calabrese, *La macchina della pittura*, Firenze-Lucca, VoLo, 2012［1985］, p. 68. 感谢 Angela Mengoni 向作者提供了这一引文。

② Hubert Damisch, *L'Origine de la perspective*, 见前揭, p. 458。

第四章

罗伯特 · 史密森 (Robert Smithson)：

视线的尽头

艺术终结了视线。

——罗伯特·史密森

图 4.1　罗伯特·史密森，《红色盐湖中的螺旋状防波堤》（*Spiral Jetty in Red Salt Water*，1970），位于美国犹他州大盐湖的大地艺术装置（参见 Gary Shapiro，*Earthwards. Robert Smithson and Art after Babel*，Berkeley 1995，p. 6）。

山坡上的坛子

　　1919 年，美国诗人华莱士·史蒂文斯（Wallace Stevens）的诗集《风琴》（*Harmonium*）出版，其中一首短诗名为《坛子轶事》（Anecdote of the Jar），常常被人们拿来与英国浪漫主义诗人约翰·济慈（John Keats）在一个世纪之前写下的《希腊古瓮颂》相提并论。

坛子轶事①

我把一个坛子置于田纳西
它是圆的，在一座山上。
它使得凌乱的荒野
环绕那山

荒原向它涌起
又摊伏于四周，不再荒野
坛子在地面上是圆的
高大，如空气中一个门户
它统治每一处。
坛子灰而赤裸
它不曾释放飞鸟或树丛，
不像田纳西别的事物。

在这首诗中，再也没有回到希腊时代，回归牧羊人和游吟诗人生活的忧伤梦想，取而代之的是回到原初自然、非人的自然的理想，这与沃尔多·爱默生（Waldo Emerson）的新尼采主义哲学或亨利·梭罗（Henry Thoreau）在《瓦尔登湖》中描写的原生态主义一致。作

① 华莱士·史蒂文斯，《坛子轶事》，陈东飚译，广西人民出版社，2015年。

者的目标不是回到古代文明，而是完全脱离文明世界：只有这样，才能拯救这个执迷于生产力发展、受逻各斯统辖的现代世界。有些人因此把大地艺术（Land art）运动看成对19世纪美国超验主义思想的实践，当沃尔特·德·玛丽亚（Walter de Maria）、迈克尔·海泽尔（Michael Heizer）或罗伯特·史密森（Robert Smithson）选择那些渺无人烟的地方创作在地装置时，他们的目标是令亨利·梭罗笔下东北海岸那密不透风的缅因州森林在20世纪得到重现。大地艺术是对塑造了美国精神的无意识边界（fronteer）的探索，一旦太平洋海岸和大西洋海岸一样，不再是未知的土地，边界自然不可避免地向内部移动。

　　或许我们可以这样去解释艺术家詹姆斯·特瑞尔（James Turrell）和他在亚利桑那州沙漠中创作的作品《罗登火山口》（*Roden Crater*）。但显然，它还不足以解释罗伯特·史密森。史密森的大地艺术不是梭罗"回归自然"思想的延伸——史密森坚称"不可能回归自然"[1]——正如史蒂文斯的坛子不可能是济慈笔下希腊花瓶的延续。史密森也在山顶放置了一个罐子（见图4.2），和华莱士·史蒂文斯的坛子一样，这个罐子"不

---

[1] Robert Smithson, *The Collected Writings*, Berkeley-Los Angeles-Londres, University of California Press, 1996, p. 333.

图 4.2　罗伯特·史密森,《胶水倾倒》(*Glue Pour*, 1969), 行为艺术, 加拿大温哥华 (参见 Robert Smithson, *Slideworks*, ed. by Guglielmo Bargellesi-Severi, Milan, C. Frua, 1997)。

曾释放飞鸟或树丛", 因为它里面装的是黏性胶水, 而且这个罐子 (实际上是一个铝桶) 不久就被掀翻在山的一侧 (温哥华, 1969 年)。不过, 史蒂文斯的坛子也并不比史密森的胶水罐更和谐。

说到著名的田纳西坛子, 罗伊·哈维·皮尔斯

（Roy Harvey Pearce）曾指出，它并不是诗人头脑中的想象，而是现成品——更准确地说，是加拿大品牌"统治牌特种宽口罐"（Dominion Wide Mouth Special）出品的水果杯。[①]该产品以宽口圆底为特征，这呼应了它的名字（"Wide Mouth"）和诗中的描述（"坛子在地面上是圆的"）。 1918 年左右，史蒂文斯在南部逗留期间，这种罐头在美国南部各州非常畅销。因此，这个坛子在它所处的自然界中建立的帝国不仅仅是诗人的想象愿景，还是一个无所不在的消费对象，带着不容置疑的商标印记——统治牌（Dominion）：帝国，主宰。 1918 年的田纳西并不是另一个瓦尔登湖式的避难所，一个在第一次世界大战之后不受世界苦痛影响的和平港湾。罗伯特·史密森也同样没有把大盐湖这个传统的摩门教区与回归原始主义联系起来。在史密森的作品中暗暗涌动的达达主义精神值得我们的关注，史蒂文斯的坛子对应了杜尚的《泉》，而不是英国浪漫主义。史密森并不想寻找一个原始的、存在于文明边缘的处女地："'自然'只是 18 或 19 世纪的另一项虚构，"[②] 艺术家进一步解释

---

① Roy Harvey Pearce, «'Anecdote of the Jar': An Iconological Note», *The Wallace Stevens Journal* 1:2 (Summer 1977), p. 65.

② Robert Smithson, *Writings*, 见前揭, p. 85: «Nature is simply another 18th- and 19th-century fiction»。

道，"一座矿山也可以和野生景观一样自然"①。

　　然而，在史密森的作品中，同样有着对边缘的苦苦求索，只不过它们并不处在城市中心和边界地带、文化空间和自然边缘的对立之中。换句话说，史密森并不寻求将自己或自己的作品安置在一片一望无际的风景中，而是反过来完善了各种视觉部署方式，创造出一种无际的视线，换句话说，一种可以一直延伸直至迷失的视觉。因此，史密森的艺术创作关注的并非城市和自然之间的对立和两极性（罗伯特·史密森一直致力于消除这种对立，特别是在他的新泽西系列中），而是在视觉内部的两级——视线焦点的视觉和外围边缘的视觉——之间形成的张力。

灭线

　　"艺术中最难以把握的概念之一，就是透视的概念"，史密森在 1967 年的一篇文章中开宗明义地宣告，这篇文章的标题，《无意义的灭点》（Pointless Vanishing Points）也同样难以把握。② 史密森继续说，自从文艺复

---

① Robert Smithson, *Writings*，见前揭, p. 85：«Nature is simply another 18ᵗʰ- and 19ᵗʰ-century fiction»p. 166。

② 因为无法以中文充分表达 pointless 这个词的多义性：没有点/无意义，我们也可以选择将其翻译为"无点之灭点"。——译者注

兴时期发现了线性透视法则之后，绘画就迅速放弃了遵循几何轴线的构图秩序，转而突出色彩。但实际上，几何原则并没有消失，它只是被覆盖在"厚厚的褐色明暗对比"之下，而"欧几里得的线性原则"则被其上堆积的非欧几里得的物质所覆盖。[①] 如果说透视是难以把握的，史密森声称，那是因为它自我呈现的方式总是表现为对透视主义的否定。那些认为在文艺复兴时期出现的中央透视法中就有对不可调和的多元观点的理论，例如尼采对视角主义的解读无疑是错误的；相反，透视装置的目的是将此前一直各自独立的空间统一起来，例如拜占庭的圣像艺术中严格区分神的空间和人的空间。从此以后，在马萨乔（Masaccio）和马索里诺（Masolino）的壁画中，上帝将不得不像他所创造的这个世界上的所有物体一样，屈从于几何规则。史密森提到了佛罗伦萨乌菲齐美术馆收藏的保罗·乌切洛（Paolo Uccelo）的圣杯研究（见图 4.3）[②]：画家从几个角度研究对象，但最终图表呈现出的却是一个统一的物体，观众的眼睛就像神的凝视一样，可以毫无遗漏地扫视着整体。这个

---

① Robert Smithson, *Writings*, 见前揭, p. 358。

② Paolo Uccello, *Étude d'un calice*（env. 1450）Plume sur papier blanc, 23.9 cm×26.6 cm. Florence, Galleria degli Uffizi, Gabinetto dei Disegni. Cf. R. Smithson, *Writings*, 见前揭, p. 359。

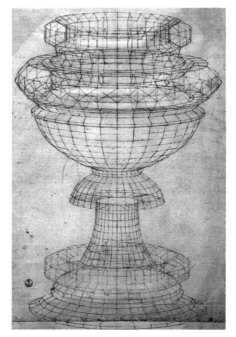

图 4.3 保罗·乌切洛,《圣杯研究》(约 1450),
白纸面墨水画,23.9 cm × 26.6 cm,收藏于意大
利佛罗伦萨,乌菲齐美术馆,绘画和印刷馆藏,
引自 Robert Smithson:*The Collected Writings*,
见前揭,p. 359。

纯粹的心理对象、零维度的物体,也可以被重置于一个
多维视角空间中,后者只会部分掩盖它的心理起源的痕
迹:一切仍然是从主体出发,只是心灵的眼睛在这里被
一个虚构的固定的物理眼睛所取代,所有的光线都会从

这里发散出来。

在大量翻阅了与光学及其历史相关的著作之后，史密森发现文艺复兴时期的绘画继承了古代文化中流行的视觉外射理论。文艺复兴时期，在空间数学化知识的支持下，这种"视觉离心理论"的复兴，开启了一个全新的世界，一切事物都处于平等地位，但每个事件也因此变得疏离。中心透视法的凝视是一种意向性的、带有预期的凝视，在它看来，所有的模糊性和意外因素都会威胁到对事物的理解和对客体的穿透。如果我们借助史密森文章的标题来说明这个问题，可以说，灭点（vanishing point）实际上是毫无意义的、徒劳的，因为它并没有表明有什么能逃脱视觉的掌握，相反，它构成了一个阻绝任何逃脱的结构。建立一个极其精微的投射空间、一个由灭线构成的体系，没有任何东西可以从中逃脱，一切都被有效控制。

在《准无限性和空间的消逝》（*Quasi-Infinities and the Waning of Space*）[①] 中的一幅小画里，史密森复制了一张视觉形式分析的图示（见图4.4）。这是埃德加·爱伦·坡（Edgar Allan Poe）1848年的非虚构作品《尤

[①] Robert Smithson, «Quasi-Infinities and the Waning of Space» (1966), *Writings*, 见前揭, p. 34.

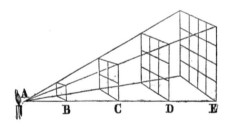

图 4.4 上-埃德加·爱伦·坡,《尤里卡》
(*Eureka. A Prose Poem*,1848),罗伯特·
史密森在《准无限性和空间的消逝》中复
制了这张图示。下-亚伯拉罕·博斯,《透视
法应用图示》(*Maniere universelle de M.
Desargues pour pratiquer la perspective* (...),
Paris, P. Deshayes, 1648, t. I, pl. 2)。

里卡》(*Eureka*) 当中的插图。在这首散文诗中,作者假设所有的光线都是从一个原初统一体中放射出来的。[1] 然而，坡在插画中描绘的视觉金字塔，就像亚伯拉罕·博斯的那幅版画一样，只展示了这一视觉装置的局部。因为金字塔的底部，作为原则上能够延伸到无限远的视觉锥体上的任意截面，标志着与一个从灭点发出的对称锥体的相遇。

从布鲁内莱斯基那个开创先河的实验开始，也就是他在佛罗伦萨圣洗堂前用带孔的画板和镜子组成的著名装置，灭点和视点之间就建立了一种对称的等价关系。[2] 正如路易·马林所说："布鲁内莱斯基的光学箱在系统中建立了视点和灭点之间的结构性等价关系，用于绘画外观的创作（Vorstellung）和/或由静观的眼睛（Darstellung）接收到的图像。它确立了视线和眼睛的等同性——使视线服从于眼睛，服从于几何学和光学原理。"[3]

尽管艺术家很少利用这种对可见性的框定所提供的可能性，但正如史密森所说，通过对直线的"扭曲"，

---

① Edgar Allan Poe, *Eureka. A Prose Poem*, New York, Putnam, 1848, p. 50.

② 有关布鲁内莱斯基实验的具体细节，参见本书第三章"佛罗伦萨 1425：绘画的镜像阶段"。

③ Louis Marin, «Dénégation» in *Détruire la peinture*, Paris, Flammarion, 1997, p. 59.

人的复兴所特有的理想化的统治模式①以不同面目纷纷涌现，尤其是在 20 世纪。克莱门特·格林伯格和他的"视觉清教主义"就体现了这一复兴。因为，尽管格林伯格自认为是将绘画限制在其根本的二维特征上的理论倡导者，但他的艺术理念与他所反对的模仿艺术一样，都是人类中心主义的体现。在与格林伯格和他的学生迈克尔·弗莱（Michael Fried）的论战中，史密森断言，"任何反动都是它所反动的东西的一面镜子——以此类推直至无限。所有的战争都是与反射映象的战斗"②。格林伯格的观点——作品根据自身的局限性进行自我限制——同样体现在他所反对的极简艺术运动中。在史密森看来，极简艺术的指导思想，即重新确立对象的特殊性以抵抗心灵的投射，与文艺复兴时期的主观主义仅仅是表面上的对立。它与后者的共同点在于，它们的基础都是一种全然的决定论，即"'对象'中包含的确定性理念"③。从眼睛的固定视点所确立的视觉焦点到单一物

---

① Robert Smithson, *Writings*, 见前揭, p. 238。

② 在 1967 年写给 *Artforum* 杂志编辑的一封信中，史密森针对迈克尔·弗莱此前发表在该杂志上的一篇文章作出了回应（*Writings*, p. 67）：«Every refutation is a mirror of the thing it refutes-*ad infinitum*. Every war is a war with reflections»。

③ Robert Smithson, «the idea of certainty which is in the "object"»。

体决定的视觉焦点；从暗箱决定论到唐纳德·贾德（Donald Judd）或卡尔·安德烈（Carl Andre）的特定物体的循环论证。每一次转变，都是逻辑决定论占了上风，因此始终体现了集中、聚焦的逻辑。

脱框

在一次采访中，为了解释自己与格林伯格和极简艺术理念的差异，史密森说："我开始对整个格式塔理论、物自体和对象的特异性等概念产生了明确质疑。"[1] 但是，要如何跳出盒子，跳出暗箱，跳出中央透视，跳出现代主义的白色立方体，跳出唐纳德·贾德和卡尔·安德烈在画廊空间里放置的那些盒子和堆栈？简而言之，如何打破强加的框架，实现美国人所说的跳出框框的思维？

要摆脱这个生产单一性的体制，仅靠离开博物馆和画廊等中性空间[2]是不够的。当艺术家在公共空间或公

---

[1] Smithson, *Writings*，见前揭，p. 296：《Well, I began to question very seriously the whole notion of Gestalt, the thing in itself, specific objects. I began to sec things in a more relational way》。

[2] 同上书，p. 154：《Museums, like asylums and jails, have wards and cells — in other words, neutral rooms called "galleries". A work of art when placed in a gallery loses its charge, and becomes a portable object or surface disengaged from the outside world》。

园里展出雕塑时，总是要在规划好的方格里，面对事先组织好的空间，史密森解释说。中心和外围之间的对立张力并不能归结为画廊的内部和公园的室外空间的对比，因为后者依然是一个预设的空间。视线的去中心化意味着脱离预期，走向开放，走向时刻可能出现惊喜的边缘。史密森把这种差异总结为开放性景观和封闭性景观的对立带来的张力："如果说封闭性景观建立在信仰和确定性之上，那么开放性景观则带来怀疑和不确定性。"[①] 艺术家不断尝试把以艺术机构和知识机构为依托的集中控制机制分散化："如果把画廊作为中心点，那么就划定了一个外围。如果你走上山脉或沙漠，你就离开了长方形的空间，进入了一个开放的环境。"[②]

当然，这项解放运动是所有大地艺术艺术家的共同努力。理查德·塞拉（Richard Serra）唤起了漫游的视野（peripatetic vision）的必要性，换句话说，一种运动的视野，随着身体在开放空间中的移动而逐步构建起

---

① Robert Smithson, *Writings*，见前揭，p. 374：« If the closed landscape is a matter of faith and certainty. the open landscape is a matter of skepticism and uncertainty»。

② 同上，p. 234：« If the gallery is the central point, then you have a periphery. If you go out to the mountains or the desert, you are moving out of a rectangular context into an open context»。

来。如果这种视野"没有被简化为一个框定的图像"（peripatetic and not reduced to framing an image），那么它将是"漫游"的。这里，可以看到莫里斯·梅洛-庞蒂的《知觉现象学》（*Phénoménologie de la perception*）在1960年代中期产生的影响，这本书在1962年由科林·史密斯（C. Smith）翻译为英文出版。[1] 在《知觉现象学》中，梅洛-庞蒂将身体视为运动感觉的场所，换句话说，身体从根本上来说是由其运动能力决定的。感知，是进入一个感性空间，随着我们逐步深入，这个空间的深度也随之增加，其边缘随着我们前进的脚步不断退后。因此，在感觉-运动感知中产生的距离既使一切把握成为可能，又阻止了所有总体化的努力，它允许具身主体在空间中移动，自由环绕事物，但也阻止了我们有一天能够一劳永逸地看清所有事物。所有的感觉（aisthêsis）——这是亚里士多德感觉学的术语，梅洛-庞蒂与之非常接近——所有的感觉都是一种运动（kinêsis），所有的知觉都是一种运动。他在《眼与心》中说过，身体是"视觉与运动的交织"，它凑近是为了看得更清楚，它离开是为了更好地辨别。[2]

---

[1] Maurice Merleau-Ponty, *The Phenomenology of Perception*, trad. C. Smith, Londres, Routledge, 1962.

[2] Maurice Merleau-Ponty, *L'ceil et l'esprit*, Paris, Gallimard, 1964, p. 16.

　　不难看出梅洛-庞蒂的现象学和大地艺术之间的联系。两者都关注地平线这个主题，这个界限既是一个人前进的方向，又随着人们的接近逐渐退去，它似乎一直在那里，却又不断地、不可阻挡地从那里逃走。[①] 我们知道史密森对现象学，特别是胡塞尔和海德格尔有浓厚的兴趣[②]，而利用梅洛-庞蒂和他的运动理论来解释大地艺术创造的位移，从黑盒子（或白盒子）的范式走向边缘化的开放视野无疑是恰如其分的。但这种理解太过局限于对运动概念的字面解读，而它只是大地艺术的艺术策略的一部分，尤其是对罗伯特·史密森这样的艺术家来说。当然，史密森不断提出步行这种方式对探索其他知觉模式的必要性——谈到在尤卡坦长距离徒步的经历，他说："步行制约着视觉，视觉制约着步行，直到

----

① 有关地平线及其与视角的联系，参见 Céline Flécheux, *L'horizon*, Paris, Klincksieck 2014。

② 他曾读过马尔文·法伯（Marvin Farbar）有关现象学的导论（Marvin Farber, *The Aims of Phenomenology. The Motives, Methods and Impacts of Husserl's Phenomenology*, New York, Harper & Row, 1966）。此外，史密森书架上的一本《耶鲁法国评论》中有一篇有关梅洛-庞蒂和语言问题的文章（Philip E. Lewis, «Merleau-Ponty and the Phenomenology of Language», *Yale French Studies* 36/37（1964–1965）, pp. 19–40）。感谢莱斯特建筑学院的蒂姆·莱斯特（Tim Leicester）提供以上信息（Tim Leicester, Leicester School of Architecture）。

只剩下双脚似乎还能看到。"① 然而，运动不能局限于局部运动和身体的地理位移，因为离开一个地方去向另一个地方的简单事实并不能令固定的视觉部署脱位。事实上，生理光学已经充分表明，一动不动的凝视很快就会失去敏锐性；相反，正是眼球的转动使人能够把注意力集中于物体之上。所有的固定都意味着固定的运动。因此，将大地艺术简化为透视箱与眼睛运动的对立，未免太过简单；还是要对转移视线的策略进行反思，让视线脱离常规，让眼睛脱离铰链。简而言之，使视觉的轨迹脱离画框，就像一个走路的人因小事故而步伐错位。

非视觉理论

"我认为它是不可避免的"，罗伯特·史密森在 1969 年宣称，"走向边缘，走向破碎，走向熵。但即使在那里，也有限制。每一个单一的感知本质上都是确定的。"② 罗伯

---

① Robert Smithson, *Writings*，见前揭，p. 130：«Walking conditioned sight, and sight conditioned walking, till it seemed only the feet could see»。

② Robert Smithson，*Writings*，见前揭，p. 191：« I see it as an *inevitability; of going toward the fringes, towards the broken, the entropic.* But even that has limits. Every single perception is essentially determinate»。

特·史密森不仅与他所谓的审美"悲怆"①保持距离，而且还与那种只想离开中心去寻找外围、寻求纯粹流动的"逍遥主义"者拉开差距："你会发现有些人只是在旅行，比如理查德·朗（Richard Long）。"②（在朗的作品中）人们感到非常接近以亨利·梭罗为代表的美国超验主义精神，梭罗在 1862 年的著名文章《散步》（Walking）中就思考了要用到什么策略和方法，才能离开那个由栅栏和围墙、道路和产权边界线构成的方格空间③。纯粹的过程状态、纯粹的流动，只不过是一种幻觉。"我认为参与其中的人中有一些非常天真的态度，就像一种全新的自由，不断走向边缘。"④ 但在现实中，也有停顿的时刻，理查德·朗也曾在作品中记录了沿途的停靠点。

　　史密森认为，重要的是确立一种特定的辩证关系，错位会为连续体带来不可避免的停顿。如何才能确保边

---

① Cf. «The Pathetic Fallacy in Esthetics» [1966 - 1967], in R. Smithson, *Writings*, 见前揭, pp. 337 - 338。

② Robert Smithson, *Writings*, 见前揭, p. 235。

③ Henry David Thoreau, *De la marche* [1862], trad. T. Gillyboeuf, Paris, Mille et une nuits, 2003.

④ Robert Smithson, *Writings*, 见前揭, p. 235：«I think there is a lot of naive attitude among the people involved in this, like some sort of new freedom, implying constantly going out to the periphery»。

缘不会成为新的中心？这无疑是乌托邦（utopie）和非托邦（atopia）之间微小但关键的差异所在。乌托邦是所有地点之外的地方（ou-topos，希腊语中表示绝对否定的介词），而非托邦是非地点，或者更确切地说，是与现实错位的地点，因为 atopon 这个形容词也表示一切离奇、错位或奇怪的东西（正因如此，苏格拉底也被人们叫作 atopon，这不仅是因为他来自雅典的郊区，而且主要是因为他通过追问打破了既定秩序）。罗伯特·史密森所说的非托邦或（非）地点不是另一个地点或不同寻常的地方，严格地说，它是地点的改变。它的错位，在某种程度上相当于理查德·塞拉所说的"转移"（Shift），后者来自雅各布森语言学中的转换器（shifter）理论。语言学中的转换器指的是什么？是指"这里""那里""现在""今天""这个""那个""我""你"等介词的意义无法脱离特定的语境。甚至可以说，所有这些介词都是空壳，必须借助每一次特定的语言行为来填补。但是，如果说转换器从根本上来说依赖于使用语境，反过来，它们对于语言的运作也是不可或缺的，因为如果没有它们，语言就必然是抽象的。转换器为语言提供了一个"面向"，以及在感性空间中的定位，同时也为其他词语赋予了某种方向、趋势和动态。与塞拉的《转移》一样，史密森的《错位》也是一个转换器，既推动了对常规的脱离，又带来了意外的运动重启（见图 4.5）。

图 4.5　罗伯特·史密森，《尤卡坦错位镜群 1》（*Yucatán Mirror Displacement 1*，1969），彩色摄影，61 cm×61 cm，收藏于美国纽约，古根汉姆美术馆。

这就是为什么不仅有从画廊空间到远方空间的运动，而且在人们尚未察觉之际，还同时产生了与此方向相反的运动。这一辩证的运动在属于画廊的中性、无特征的空间里建立了一个与风景遥相呼应的非风景。从这个意义上讲，艺术家在边缘地带发现的这片风景——史密森总喜欢把艺术家戏称为观景者（site-seer）——最终将引发一种离心运动。"风景的有趣之处是"，史密森说，"与非风景不同，它会把你不断推向边缘。换句话说，在那里没有任何可供查看的东西，除了煤渣（cinders），也没有任何办法专注于某个点。"[1] 史密森在此处利用了煤渣这个词的双重意义：一方面指的是史密森在《莫诺湖非风景》（*Mono Lake Nonsite*，见图 4.6）等艺术装置中实际使用的煤灰；另一方面，这个词也是托马斯·厄内斯特·休姆（T. E. Hulme）哲学思想的核心概念，休姆是最早对史密森产生影响的理论家之一。作为亨利·柏格森著作的英文译者，同时也是意象派（imagiste）运动之父，休姆在一本名为《煤渣》（*Cinders*）的书中描绘了一个不再由坚固事物组成、只剩下碎片和废墟的世界。[2]

有观点指出，休姆描绘的这个世界与胡塞尔的现象学之间存在着某种联系，而胡塞尔现象学也是史密森后

---

[1] Robert Smithson, *Writings*, 见前揭, p. 176：«The interesting thing about the site is that, unlike the non-site, it throws you out to the fringes. In other words, there's nothing to grasp onto except the cinders and there's no way of focusing on a particular place»。

[2] T. E. Hulme, «Cinders» [1906 - 1907], in: *Collected Writings*, ed. K. Csengeri, Oxford, Clarendon Press, 1994, pp. 7 - 22.

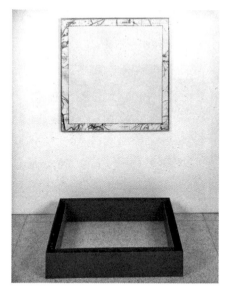

图 4.6 罗伯特·史密森,《莫诺湖非风景》
(*Mono Lake Nonsite*, 1969),卡片,彩钢箱架,
画框,灰尘。收藏于美国加利福尼亚,La Jolla
当代艺术博物馆。

期非常关注的理论。赛琳·弗莱彻(Céline Flécheux)
指出,和胡塞尔一样,史密森也将世界还原为不同角度
和轮廓构成的整体,但与胡塞尔不同的是,史密森的世
界不再有我思(Cogito)来统筹领导这一团混乱。[①] 或

① Céline Flécheux, *L'horizon: des traités de perspective au land art*,
Rennes, Presses Universitaires de Rennes, 2009, p. 240.

者，用帕斯卡的话来说，这是一个"中心无处不在、边际无处可寻的宇宙"。在与维勒（Wheeler）的访谈中，史密森提到了乔治·普莱（Georges Poulet）在《圆的变形》（*Les Métamorphoses du cercle*）中对帕斯卡这句话的阐释，及其对自己的影响。[①] 普莱提醒我们，帕斯卡这句话一方面继承了中世纪全知全在的神学思想，神不属于任何确定的地方，因此是无所不在的。但另一方面，在库赛的尼古拉（Nicolas de Cuse）提出的宇宙无中心论的冲击下，这一信念已经发生了变化，在帕斯卡描述的这个世界中，无法确定主宰者的所在，导致这个世界向四方飞散，以无限的螺旋轨迹消失于视线的尽头（见图 4.7）。[②]

通过这一系列实物和光学装置作品，史密森改变了中心注视范式，使眼睛脱离中心沿轨迹盘旋，直到产生眩晕。别忘了，非风景理论其实也是（并一直都是）一种非视觉[non-sight(s)]理论，对空间的反思也总是对应着对视觉的反思。[③] 可以说，史密森用一种"明见性"

---

① 参见史密森与丹尼斯·维勒（Dennis Wheeler）的访谈[1969/1970]，R. Smithson, *Writings*, 见前揭, p. 222。

② Georges Poulet, *Les Métamorphoses du cercle*, Paris, Plon, 1961, chap. Ⅲ «Pascal»。

③ 参见 Gary Shapiro, *Earthwards. Robert Smithson and Art after Babel*, Berkeley-Los Angeles-Oxford, University of California Press, 1995, p. 72。

图 4.7　罗伯特·史密森，《螺旋静物》（*Gyrostasis*，1968），彩钢，187 cm×137.5 cm×99.7 cm，收藏于美国华盛顿特区，赫希洪博物馆和雕塑花园。

或撤离视线的策略取代了原本毋庸置疑的正交透视。有关这个梦想，他多次以不同方式进行了表述，那就是

"构建或发明一个什么都看不见的结构"①。简而言之，就是如何创造一道没有任何其他目标、只指向自身的尽头的凝视。

迷失方向，失去理智②

史密森在《创作中的艺术》（*Art in Process*，1966）展览目录里发表了一段虚构的艺术家笔记，字里行间难掩自博尔赫斯得到的启发。他在笔记中讲述了自己如何读到了仅存的六本《视力的枯竭，或如何在失明之后还继续能看见》（*The Exhaustion of Sight or How to go blind and yet see*）中的一本③，书中记载了与"视觉懒

---

① Robert Smithson, Esquisse pour «Interpolation of the Enantiomorphic Chambers», Robert Smithson and Nancy Holt Papers, Archives of American,见前揭,参见 Robert Smithson, éd Eugenie Tsai, Museum for Contemporary Art, Los Angeles/Berkeley-Los Angeles, University of California Press, 2004, p. 138: «Thinking about one's sight enables one to build or invent a structure that sees *nothing* »。

② Paul Valéry, *(Entropie)Anthropie*.

③ Robert Smithson, *Writings*,见前揭, p. 40: «Once, I was fortunate enough to gain access to the private art-book library of the late Casper Clamp, I had the privilege of scrutinizing his rare edition of "The Exhaustion of Sight or How to go Blind and Yet See." Only six volumes remain of this astounding work»。（有一次，我有幸浏览了已故的卡斯帕·克兰普的私人艺术书库，并仔细阅读了他收藏的珍稀版《视力的枯竭，或如何在失明之后还继续能看见》。这部令人震惊的作品目前世间仅存六本）

惰"（acédie visuelle）相关的一些重要事实。这个术语完全是史密森自己编造的，巧妙地将光学问题与道德问题结合了起来。众所周知，"懒惰"是七宗罪之一。在中世纪修道院的文献中，懒惰（acédie，或拉丁语 acedia）这个词出现的频率很高，一般指的是忽视或漠不关心——类似于一种基督教版本的忧郁症。如果我们将这种"懒惰"的定义应用于生理学领域，那视觉懒惰将是事物逐步失去轮廓，陷入一种普遍的无差别、未分化状态的过程。毫无疑问，通过视觉懒惰这个概念，史密森设计出一个与他所谓的自上俯瞰的统观视觉和清晰明了的凝视完全相反的模式。

然而，史密森对中心视角范式所作的错位调整并不是简单地强调对清晰度的毫不关心，或以中性立场来瓦解全部实证性。相反，史密森借助视觉手段对视觉本身进行了内部解构，以证明这种视觉懒惰早已在所有中心聚焦视觉，或者说在辨识视觉中起着作用。

在《无意义的灭点》中，史密森解释说，把事物把握为单个统一体的透视视觉，来自一种遗忘，对所有视觉包含的立体结构（stéréoscopique）——也就是双帧结构——的遗忘。"我们的双眼会同时聚焦在一个物体上，从而形成对单个物体的视觉，但它令人忘记了视觉是由双眼形成的立体结构，我把它称为'对映视觉'——即双重视觉。"①

眼睛是具有对映结构的人体器官之一，这些器官的对映结构以完全相反的形式，各自对映彼此不可还原的空间性。康德是最早注意到这种对映结构的学者之一，他在1768年写了一篇题为《论空间区域差异的首要基础》（Du premier fondement de la différence des régions dans l'espace）的文章，专门讨论这个问题②。在这篇文章中——康德前批判阶段的最后一篇作品，并预告了1786年的文章《什么是思想中的面向》（Qu'est-ce que s'orienter dans la pensée?）——康德指出，很多物体的内在方向性不能转移到它们在镜中的映象上。一只左手触摸着镜子，镜中会出现一个在各方面都与之对应的影像，然而，在触摸它的影像时，左手触到的并不是另一只左手，而是一只右手。不过，我们无法笼统地想象一只手：想象中的这只手，一定是一只右手或者一只左手。但是，左手所占的空间休积就真的等同于右手占据

---

① Robert Smithson, «Pointless Vanishing Points», *Writings*，见前揭，p. 359。

② Immanuel Kant, «Von dem ersten Grunde der Unterscheidung der Gegenden im Raum» [1768], *Akademie-Ausgabe*, vol. II, pp. 375 – 383. (fr. «Du premier fondement de la différence des régions dans l'espace», in *Quelques opuscules précritiques*, éd. Sylvain Zac, Paris, Vrin, 1970).

的空间吗？我们只知道一只左手的手套是无法服帖地戴在右手上的。

康德用右旋螺丝和左旋螺丝，或者贝壳上相反方向的螺旋花纹为例，来描述事物的面向，19 世纪，开尔文勋爵将其命名为手征性（chiralité）。[1] 就像右手的手套不适合我的左手一样，一个右旋的螺丝不会适合相同螺距的左旋螺母，此后，人们还发现分子也带有这种手征性或对映性的特征。

史密森首先在马丁·加德纳（Martin Gardner）的《灵巧的宇宙》（*The Ambidextrous Universe*）[2] 这本书中了解到这些现象，并且被对映体不重合的观点，也就是康德笔下的"不相宜的对立"（inkongruente Gegenstücke）所吸引。在访问比亚埃尔莫萨时，他从城市规划的不对映角度对这个城市进行了分析，并指出"对映的部分并

---

[1] Lord Kelvin, Baltimore Lectures [1884], *Baltimore Lectures on Molecular Dynamics and the Wave Theory of Light*, Londres, Clay & Sons, 1904, Appendix H, 1904, p. 619: «I call any geometrical figure or group of points "chiral" and say it has chirality, if its image in a plane mirror, ideally realized, cannot be brought into coincidence with itself [...] They are also called "enantiomorphs"». （如果一个几何图形或一组点在平面镜中的映象，在理想情况下，不能与自身重合，我把这样的特征称为"手征性"……它们也被称为"对映体"）

[2] Martin Gardner, *The Ambidextrous Universe*, New York, Basic Books, 1964.

不完全吻合"①。它们之间无法被综合，也没有任何统观视角能将它们统一起来，恰恰相反，对映结构是"对任何中心灭点的否定"②。这些平面图彼此无法叠加，正是因为它们所处的这个发散的结构将它们置于一种原初的偏移之中，史密森参照鲁道夫·阿恩海姆的说法，称其为"重叠"［overlapping，而梅洛-庞蒂后来在法语中把这个词翻译为"侵占"（empiètement）］。在视觉领域，人们会在复视状态，即斜视及其带来的疲劳状态中体会到这种分歧或不吻合，当然我们也可以借助史密森 1965 年的作品《对映室》（*Chambres Enantiomorphes*）及其他装置作品来主动体验这种状态。

《对映室》的原作都已遗失——现在只剩下照片和重建模型③——它们继承了传统的立体镜的特征，但同时又是对这一传统的颠覆。1838 年，英国物理学家查尔斯·惠斯通（Charles Wheatstone）发明了一种用于观看立休图像的光学装置，两面镜子互成 90 度角放置，镜中映出两幅略微拉开距离的图片。但这个装置最终只是利用了人体生理学上的对映特征，来将两个视觉平面聚

---

① Robert Smithson, *Writings*, 见前揭, p. 174。

② 同上书, p. 329：«negates any central vanishing point»。

③ 在奥斯陆挪威现当代艺术博物馆的重建模型。

合在生理光学所谓的融合图像（fused image）中（见图4.8）。而史密森思考的是如何令图像的不吻合和分离变得可见。他的对映室类似于惠斯通的立体镜，只是两端的两幅图画被两面镜子取代，这就创造出一个无限重复的空间效果。"仿佛人被困在由两只奇异的眼睛构成的现实结构之中。这是一个没有幻觉的幻觉。"①

对映室让我们看到了什么是看，但与其他反射现象不同的是，它让自我可以在完全透明中看到自己的本质，"看到自己的视线意味着可见的盲目"（to see one's own sight means visible blindness）。②它形成了一个奇异的融合点，在这里，最大程度上的清晰就等于一个深不见底的虚空，而视线的无限重复会最终返回视觉，令后者不可避免地走向自毁。这是一种视觉之熵，逐渐自我耗尽，却无法看清任何事物，还冒着失去理智的危险，因为已经不知该把头转向何方。这可能正对应了史密森〔以及艾德·莱因哈特（Ad Reinhardt）和罗伯特·莫里斯（Robert Morris）等艺术家〕所称的反人道主义：一种由人道主义自身原则造成的人道主义的内部损失；在明确

---

① Robert Smithson, *Writings*，见前揭，p. 209：«It is as though one were being imprisoned by the actual structure of two alien eyes. It is an illusion without an illusion»。

② 同上书，p. 39。

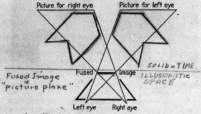

图 4.8 詹姆斯·绍索尔（James P. C. Southall）在《生理光学导论》（Introduction to physiological optics, 1961）中使用的"没有使用镜面或透镜的简易立体箱平面图"，来自罗伯特·史密森私人藏书，并带有史密森本人标注（转引自：Ann Reynolds, *Learning from New Jersey and Elsewhere*, Cambridge, MIT Press, 2003, p. 60）。

可见的视觉的中心的一个巨大裂口——一种"明见性"（évidence）。

在《帕赛克古迹巡礼》（*Tour of Monuments of Passaic*）中，罗伯特·史密森引用了弗拉基米尔·纳博科夫（Vladimir Nabokov）的《斩首之邀》（*L'invitation à la décapitation*）中的一句话作为题铭，关于一些简单的照相机对世界的定格。对选景框架的批判在史密森的作品中反复出现，它似乎也与斩首的问题密切相关。在一份现存于波尔图塞拉尔维斯美术馆的文件中，史密森回顾了自己当时创作《对映室》的用意（见图4.9）。艺术家在图画纸上画了一张示意图，名为《事后之思》（*Afterthought*）。史密森把两张对映箱的照片放在左右两边，中间放了一张由丹·格雷厄姆（Dan Graham）为他拍摄的照片，照片上的他双手插在口袋里，没有头。蓝色墨水画出的两条对角线，表示两个对映体之间的对称旋转轴，在画面中心，即无头躯干处相交。我们面前的仿佛是安德烈·马松（André Masson）为巴塔耶的同名杂志所做封面的再现（见图4.10）——只不过这次是在东海岸。史密森的事后之思看上去是对概念艺术和极简艺术的致敬，这两种艺术都痴迷于内在决定性和自反视觉理念。在《事后之思》的示意图中，包含一种视觉交错，但交叉点不再处于头部，而是在更低的位置。史密

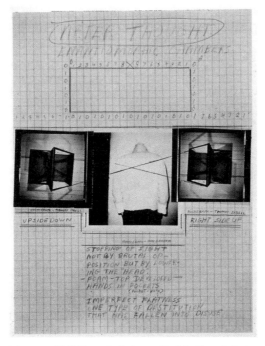

图 4.9　罗伯特·史密森，《事后之思：对映室》(1965)，拼贴、彩色墨水和彩色铅笔，收藏于葡萄牙波尔图，塞拉维斯当代艺术博物馆。

森用红色铅笔注明：不是通过残酷的对抗而是通过降低头部来停止视线。

　　剩下的，还有对直立人（homo erectus）的肢解，这是一种被斩首的人文主义，即使不是"反视觉"（antivision）——一如罗莎琳·克劳斯（Rosalind Krauss）

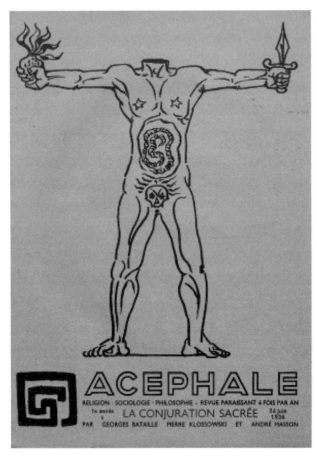

图 4.10　安德烈·马松 1937 年为 *Acéphale* 杂志第二期封面创作的铜版画作品。

对巴塔耶的引用①，也至少是一种痛失具体对象的视觉。史密森借用了列维 - 斯特劳斯的一个笑话，人类学（anthropologie）只有以"熵学"（entropologie）的样态才能生存下去，简单说，这门科学研究的是其研究对象的消失，例如民族志学者总要向荒野出发，其任务就是随着自己研究脚步的逼近，让荒野逐步消失。

---

① Rosalind Krauss, «Antivision», *October*, vol. 36（Spring, 1986）, pp. 147 - 154.

第五章

透视法可以是一种象征形式吗？

重读帕诺夫斯基与卡西尔

让我们回到本书开头提出的问题：视角是共同的吗？是所有人、所有文化、所有时代所共有的吗？还是由社会习俗形成的，并创造了对世界最多样化的表述？这个问题出现得较晚，并且那些所谓的"透视主义者"，即在现代时期到来之前致力于建立透视法则的人，对此丝毫没有关注。对这些"透视主义者"来说，透视的普遍性和共识性并不是一个问题，因为从古典时代晚期开始，希腊文化中对可见事物的研究就逐渐分化为不同的学科：对可见世界的感知从此与它的再现问题分离开来。到了中世纪，形成了一对相互关联的概念——那就是光学研究中的自然视角以及与此相对的造型艺术中形成的人工视角。透视本身也因此形成了分化，出现了自然透视与人工透视的对立，这也令此前所有对透视的一般性思考都变成了多余。直到几个世纪之后，人们才重新提出了这样一个问题：是否存在一种一般性的自然视角，还是说，视角总是单一的、受限的，依赖于特定社会文化背景？这个问题正是一篇具有重大理论价值的文章试图解开的疑问，那就是欧文·帕诺夫斯基的《作为象征形式的透视》，这篇文章最初在1924年以讲座的形式出现在汉堡阿比·瓦尔堡图书馆的《文化科学文献》中。[①]

在将近一个世纪的传播和阅读中，这篇文章里的所有元素没有一个不曾被单独提出并在不同角度和不同学科——无论是数学史、艺术研究、光学史、几何学、知觉心理学、人类学还是文化史——中拿来讨论。然而，在所有这些讨论中，有一个观点显然没有引起人们太大的兴趣（因为大多数读者甚至没有把它看作一个理论）：那就是标题"作为象征形式的透视"中包含的论点。

文章题目所代表的观点仿佛已经得到了人们的普遍认同。评论家们达成了一个奇怪的共识，即与这本书的标题的字面联系相反，"作为象征形式的透视"并不是对恩斯特·卡西尔（Ernst Cassirer）的符号学的贡献，它与后者只有非常微弱的联系。大多数阐释者都认为，帕诺夫斯基这篇文章的主要目的是指出中心透视法是一

---

① Erwin Panofsky, «Die Perspektive als symbolische Form», *Vorträge der Bibliothek Warburg 1924/25*, Leipzig/Berlin, 1927, pp. 258 - 330; fr. *La Perspective comme forme symbolique*, trad. G. Ballangé, préface de Marisa Dalai Emiliani, Paris, Minuit, 1975.

种人为建构，并力图重建另一种透视法，即"球面透视"（perspective sphéroïdale）或"曲线透视"（perspective curviligne）的地位，这种由赫尔曼·冯·亥姆霍兹（Hermann von Helmholtz）发现的生理光学现象，据称与自然感知更为接近（见图 5.1）。

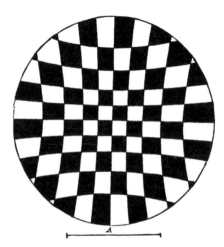

图 5.1 曲面透视图，来自赫尔曼·冯·亥姆霍兹《论生理光学手册》（*Treatise on Physiological Optics*），美国光学学会 1925 年出版。

事实上，帕诺夫斯基对自然感知的"曲面"特性的支持，为他招来了众多批评，批评者主要来自经验科学［其中包括莫里斯·H. 皮朗（Maurice H. Pirenne）、詹姆斯·吉布森（James J. Gibson）和 G. 滕·杜斯查特（G. Ten Doesschate）〕或艺术心理学领域〔恩斯特·贡布里希（Ernst Gombrich）等〕。主流批评观点认为：帕诺夫斯基把解剖学领域和知觉领域错误地等同了起来——我们的视网膜是弯曲的，但这并不意味着我们对空间的感知是弯曲的。这一切都毋庸置疑，但还有一点，当帕诺夫斯基将古代的"曲面"透视与现代的"直线"透视相对立时，他认为前者是"自然的"。这显然缺乏理论支持，甚至与象征形式的存在互相矛盾。

这种将自然主义和建构主义相对立的观点，可能是造成哲学家对帕诺夫斯基的文章缺乏关注的原因之一。沉默的原因通常如下：有些人简单地认为这篇文章是纯粹的史学史研究，而另一些人则先入为主地判定文章背后的"哲学基础"过于天真，甚至守旧，希望回到一种直接的、前符号的知觉。在这两种情况下，人们都忽略了标题中包含的论点，即透视应被视为一种象征形式。

接下来即将接受检验的正是这一观点，为此，我们必须重读帕诺夫斯基，将他的文章与恩斯特·卡西尔的符号学作对比。我们已经可以预见，这一分析的结果将揭示：透视不能被纳入符号形式哲学的总体架构。它不能被整合到符号学体系中，但究其原因，却并非像人们想象的因为它不符合卡西尔的概念要求，而是恰恰相反，因为透视所具有的哲学意涵无法被符号形式的概念所吸收。

歌德香皂：帕诺夫斯基真的读懂了卡西尔吗？

W. J. T. 米歇尔（W. J. T. Mitchell）在他的文章《图像转向》（The Pictorial Turn）中将帕诺夫斯基的文章《作为象征形式的透视》称为视觉文化研究最重要的文本之一，帕诺夫斯基在文中沿用了卡西尔的新康德主义范畴，但把研究重点聚焦于"图像，换句话说，一个复杂文化领域的具体符号"[1]。然而，贝尔托·于伯（Berthold Hub）指出，米切尔的描述只是证实了人们对符号概念的持续误解：对卡西尔来说，人工制品（也包括图像或艺术作品）并非代表"复杂文化领域"的"具体符号"；所有的文化活动本身就是对世界的重新展示，对世界的"符号化"[2]。帕诺夫斯基的图像学关注的是对作为符号的图像的解释，而卡西尔哲学则分析了从何种程度上来说，每一种阐释行为首先就是一种符号化行动。

---

① W. J. T. Mitchell, «The Pictorial Turn» in *Picture Theory. Essays of Verbal and Visual Representation*, pp. 11 – 34, Chicago: Chicago UP, 1994.

② Berthold Hub, « Perspektive, Symbol und symbolische Form. Zum Verhältnis Cassirer-Panofsky», *Estetika. The Central European Journal of Aesthetics* 47/2(2010), p. 146.

　　但是，如果以上所言非虚，这两位作者的目的截然不同，那么对此的误解又是如何产生的呢？在贝尔托·于伯看来，其主要原因是人们片面地从艺术史的角度来理解帕诺夫斯基，而对卡西尔认识论的背景缺乏了解。于伯说，我们有充分的理由认为，帕诺夫斯基本人已经"合理地"将"象征形式"这一概念转化为"透视法"。

　　那么，"象征形式"指的是什么呢？根据卡西尔的观点，"象征形式"的概念有助于解释世界如何成为我们可理解的对象。也就是，"知觉经验作为一种感性经验，还同时包含着某种非直观的'意义'，并将其呈现在直接和具体的再现之中"[1]。因此，经验不是由某种单一的字母表构成的，不存在卡尔纳普（Carnap）哲学中的"基本经验"（Elementarerlebnisse），而是即刻被赋予了象征意义的感觉维度。符号并不只是简单地唤起一个不在场的指称对象，符号赋予了意义一种可感的存在——卡西尔所说的"符号性孕义"（prégnance symbolique）——因此，符号形式应该被看作一个过程（成形过程），而不是一个特定的形式。用卡西尔的话说，象征形式是歌德笔下的"心灵的能量，通过这种能

---

[1] Ernst Cassirer, *Philosophie des formes symboliques*, t. Ⅲ. *La phénoménologie de la connaissance*, trad. Cl. Fronty, Paris, Minuit, 1972, p. 229.

量，其中包含的可理解的意义（geistiger Bedeutungsgehalt）被附加到具体的可感知符号（konkretes sinnliches Zeichen）上，并内在地与该符号相适配"①。

卡西尔的大量遗著相继面世，令我们可以对他所说的象征能量和"符号性孕义"作较为清晰的理解。不过，帕诺夫斯基所处的时代和我们不同，他对当时还在构思阶段的卡西尔符号哲学的了解自然无法同日而语，他所看到的理论必然是不完整的。卡西尔在他的一生中不断发展着自己的思考，所以今天我们习惯于认为象征形式的清单是未完结的：在卡西尔提到的一长串可能的象征形式中，包括了神话、语言、技术、法律、艺术、宗教、科学、历史甚至是经济。而其中显然是艺术引起了这位批评家极大的兴趣。②

① Ernst Cassirer, «Le concept de forme symbolique dans l'édification des sciences de l'esprit», traduit par J. Carro et J. Gaubert, dans E. Cassirer, *Trois Essais sur le symbolique*, Paris, Cerf, 1997, p. 13.

② Michaela Hinsch, *Die kunstästhetische Perspektive in Ernst Cassirers Kunstphilosophie*. Würzburg: Königshausen & Neumann, 2001; T. I. Bayer «Art as Symbolic Form: Cassirer on the Educational Value of Art», *The Journal of Aesthetic Education* 40, 4 (2006), pp. 51 – 64; Marion Lauschke, *Ästhetik im Zeichen des Menschen: Die ästhetische Vorgeschichte der Symbolphilosophie Ernst Cassirers und die symbolische Form der Kunst*, Hamburg, Meiner 2007; Muriel Van Vliet (éd.), *Ernst Cassirer et l'art comme forme sym-bolique*, Rennes, Presses universitaires, （转下页）

在近年来对卡西尔遗作的研究中，人们开始对帕诺夫斯基对"象征形式"概念的使用及其与卡西尔哲学的兼容性重新给予极大关注。[①] 当然，要认真回答这个问题，就需要首先弄清帕诺夫斯基本人对这个概念的理解，以及他对卡西尔的思想所作的解读。

然而必须承认，这个任务并不轻松，而帕诺夫斯基并没有为我们提供多少帮助。首先我们很难确定这篇演讲的确切状况，它发表于 1927 年，附有大量的注释和参

（接上页）2010；P. F. Bundgard, «The grammar of aesthetic intuition: on Ernst Cassirer's concept of symbolic form in the visual arts» *Synthese* 179/1(2011), pp. 43 – 57. Cassirer, *Écrits sur l'art*, textes traduits par C. Berner, F. Capeillères, J. Carro, J. Gaubert, Paris, Cerf, 1995.

① 内尔（Allister Neher）认为，尽管这两个术语有着巨大差异，但这两种研究路径最终是可兼容的(Allister Neher, «How Perspective Could Be a Symbolic Form», *The Journal of Aesthetics and Art Criticism*, vol. 63, no. 4(2005), pp. 359 – 373)。在里伯（Audrey Rieber）看来，帕诺夫斯基在对卡西尔的象征形式的使用中产生了重要偏离，帕诺夫斯基所谓的"象征形式"并非某种精神活动的表达，而是一种意义游戏。不过两种观点的一致之处在于，将艺术形式视为对某种世界观的可能的表达(Audrey Rieber, *Art, histoire et signification Un essai d'épistémologie d'histoire de l'art autour de l'iconologie d'Erwin Panofsky*, Paris, L'Harmattan, 2012)。哈格尔斯坦（Maud Hagelstein）指出(*Origine et survivance des symboles. Warburg, Cassirer, Panofsky*, Hildesheim-Zürich-New York, Olms, 2014, p. 183)《作为符号形式的透视》是帕诺夫斯基最大胆的文章，它在显示出新康德概念在使用中常有的不确定性的同时，旨在揭示艺术作品的超验结构，换言之，透视是绘画的可能性条件。

考资料，和它一起发表在瓦尔堡文化科学图书馆的出版物中的，还有卡西尔的演讲《语言与神话》（Langage et mythe）。这篇演讲是否仅仅是他对自己所欣赏的一位同事所做的学术致敬?[1] 还是一个更大的计划的开始，意味着他要把卡西尔的哲学思想拓展并应用于视觉艺术领域？无论如何，尽管帕诺夫斯基在文本中多次提到卡西尔，却并没为我们判断这两种意图提供任何线索。从一开始，帕诺夫斯基就宣布，他想通过这篇讲座"将恩斯特·卡西尔的著名概念扩展到艺术史领域"。但在讲座文本的剩余部分，几乎没有迹象表明他自己对这个词的使用范围。严格来说，我们能够找到的不过是对卡西尔早期定义的转述，如前所述，卡西尔认

---

[1] 帕诺夫斯基在 1931 年 7 月 13 日给卡西尔的一封信中写道："我感到非常欣喜（这也提醒了我自己在美国将要无比怀念的一切），您竟然清晰地记得我们有关巴洛克的对话和诸多细节，但也因此感到些许怅然，因为这个话题并没有像我当时以为的那样在我身上留下长久深刻的影响。"（Erwin Panofsky, *Korrespondenz 1910 bis 1936*, éd. Dieter Wuttke, Wiesbaden, Harrassowitz, 2001, lettre no. 269）作者感谢卢夫特（Sebastian Luft）提醒自己注意到这封信。原文：«Es hat mich zudem enorm gefreut (und als Mahnung an alles das, was mir in Amerika fehlen wird) und ein wenig bedrückt, zu sehen, wie genau Sie sich an jede Einzelheit unserer Barock-Gespräche erinnern, von denen ich bisher immer annehmen, dass sie nur mir einen so lange und intensiv nachwirkenden Eindruck gemacht hätten».

为，正是通过象征形式，"作为内容的可理解的意义被附加到了具体的可感知符号上"①。

除了这段引文，帕诺夫斯基显然没觉得有必要对"象征形式"概念做进一步评论，然而这一术语的含义远非不言而喻的明晰。这种沉默令许多评论家感到：这位艺术史学家对理论意义并不是特别感兴趣。然而，作为对他的辩护，我们也应该记得，卡西尔直到《符号形式的哲学》（*Philosophie des formes symboliques*）的第三卷才对符号形式的概念做了充分阐发，而这一卷是1929年才出版的②，所以帕诺夫斯基很可能在1924年做这篇演讲时根本就不知道这个概念。但另一方面，我们也必须假设帕诺夫斯基在密切关注着卡西尔思想的进展，而且这两位学者保持着频繁的对话（甚至可以在一些发表的通讯中找到他们对话的痕迹，比如在1931年围绕"审美空间"概念的讨论③）。无论如何，在1924

---

① Ernst Cassirer, «Le concept de forme symbolique dans l'édification des sciences de l'esprit», 见前揭, p. 13。

② Ernst Cassirer, *Philosophie der symbolischen Formen*, *Teil 3: Phänomenologie der Erkenntnis*, Darmstadt, 1929; fr. *Philosophie des formes symboliques*. t. 3: *La phénoménologie de la connaissance*, trad. Cl. Fronty, Paris, Minuit, 1972.

③ 参见卡西尔文集中收录的讨论，Ernst Cassirer, *Écrits sur l'art*, 见前揭, pp. 120 – 121。

年前后，我们很难准确判定帕诺夫斯基在自己的研究中对卡西尔的理解。汉斯·布鲁门贝格（Hans Blumenberg）后来说，卡西尔的思想是文化科学图书馆中形成的知识小世界的"集大成者"，而象征形式的哲学更是体现出了这个图书馆的全部意义。[①] 但即使布鲁门贝格是对的，问题仍然存在：图书馆——及其主要理论家之一帕诺夫斯基——又对这一理论做了什么？理论界一直存在一种观点，认为帕诺夫斯基（甚至比瓦尔堡更甚）完全误解了卡西尔为奠定一种全新的理论，通过符号形式系统解释文化所做的全部努力。

　　幸而恩斯特·贡布里希曾经描述过一件发生在 20 世纪 20 年代的轶事（不过无从判断是在透视讲座之前还是之后）。在一次聚会上，这位艺术史学家递给哲学家一块肥皂，并即兴赋诗一首：

Deines Geistes Reife

Tat mir arg Beschmutztem Wohl

[①] Hans Blumenberg, « Ernst Cassirer gedenkend », *Wirklichkeiten, in denen wir leben: Aufsätze und eine Rede*, Stuttgart, Reclam, 1981, p. 165. 有关卡西尔和瓦尔堡的关系，可参见最近发表的研究 Mario Wimmer, « The Afterlives of Scholarship: Warburg and Cassirer » *History of Humanities* 2, no. 1 (Printemps 2017), pp. 245 - 270。

Nimm， drum， diese Goetheseife
teils als Form， teils als Symbol. [①]

你话语的智慧

为我洗去重重尘垢

一点形式，一点符号

请接下这块歌德香皂。

据说，卡西尔对这个玩笑并不太热衷。卡西尔哲学研究专家布里吉特·瑞奇（Birgit Recki）认为，这证明卡西尔感到自己被误解了。"一点形式，一点符号"——这个句子的出现说明作者完全没有理解这个概念的含义。因为卡西尔所说的形式和符号的概念与人们普遍理解的意义无关：卡西尔的符号与神秘奥义的物体无关，也与锚、十字架、星星或其他象征标记无关。[②]

---

① 由贡布里希讲述的一则轶事，参见 Birgit Recki, *Kultur als Praxis: Eine Einführung in Ernst Cassirers Philosophie der symbolischen Formen*, Berlin, Akademie, 2004, p. 37。

② 同上书，p. 36。

空间范式与知觉的历史

不过，关于透视法的文章并没有为这样的怀疑留下余地。虽然与卡西尔提出的历史-结构模型有着显著相似性，但帕诺夫斯基在研究空间观念的时候，却不再将其视为康德所说的先验直觉的形式，而是在每个具体的象征环境中各自作为一个特殊的表征对象出现。他认为，古典时期的主要空间观念是关系性的，这与从文艺复兴时期开始兴起的同质、统一的空间观念形成明确对立。但后者也并非不可动摇，因为它接下来会被帕诺夫斯基称为"垂直空间"的巴洛克式空间所取代。当然，我们也不能简单地把不同空间概念与不同历史时期联系起来。因为帕诺夫斯基明确表示，各种象征形式的出现确实遵从一定的时间顺序，但它们也在许多方面互相重叠并形成相互竞争。巴洛克式空间就是很好的例子：巴洛克艺术所代表的这种垂直、动态的空间观念，并没有取代系统性的空间概念，例如建立于现代早期的空间概念；相反，我们需要在科学符号和艺术象征之间作出更精细的区分。

不难想象这样的观点会引发怎样的理论张力。我们知道，对帕诺夫斯基来说，世界的观念和对世界的再现是一致的，这表现为特定的"世界观"及相应的价值观。因此，古典时代所特有的非均质（anisotrope，各向异性）空间概念就对应了定性的绘画空间，正如我们在那些流传至今的古代壁画中观察到的那样；而文艺复兴时期的画家设想的则是"整体性空间"，它对应着数学领域对连续和无限的空间的发现。世界的观念和它的图像（weltbild）因此是不可分割的。事实上，帕诺夫斯基不得不首先解决了资料来源中包含的一系列语义学问题，以支持结论中的这个等式。看待世界的方式和再现世界的方式的结合点，在于它们拥有共同的视角。帕诺夫斯基认为，古典时期还没有文艺复兴时期的线性透视法，而是遵循另一种透视规则，他称之为"角度透视"（perspective angulaire）。线性透视的伟大发现在于确立了物体显现的大小和距离之间成反比，这正是古人没有想到的，帕诺夫斯基说，因为他们根据角度的大小来决定物体显现的大小。为了证明这一假设，他引用了欧几里得《几何原本》第八命题中的一段晦涩的文字，来证实"角度透视"假设。虽然他对这段话的解释受到了其他语义学家和科学史家的质疑，但它至少印证了他的意图，将两种空间对立起来——一边是聚合空间，从几何角度出发进行思考，形成角度透视；另一边是系统性空间，在平面上展开，并形成线性透视。但这显然只是两

种特殊的视角，即古代文化及其晚期的视角以及文艺
复兴时期的视角，以及它们各自的空间模式。这是否
排除了想象其他空间概念的可能性？如果承认——与
康德观点相反——空间形式不仅以单数形式存在，而
且要能够想象它的各种不同变化形式，那么还需要解
释一共有多少种空间形式。似乎没有什么先验原则限
制其数量。尽管帕诺夫斯基将各个时代的主要空间形
式作为识别特定时代的特征——这使他更接近福柯的
认识论——他也经常脱离这种历史思维来讨论艺术家
的独特性。在文艺复兴时期的系统性空间观念下，一样
还有着"阿尔特多费尔的倾斜空间"或"伦勃朗的临近
空间"。

　　帕诺夫斯基对象征形式的概念进行如此自由的处
理，显然引发了众多批评。帕诺夫斯基把卡西尔的概念
扩大化，从而包括绘画作品中的个性表达——他本人将
此举描述为从"价值因素"到"风格因素"的转变——
似乎证实了这样的解释：帕诺夫斯基的方法不属于文化
哲学领域，它实际上是一种风格史的扩展。[①] 当历史学
家研究空间视角有差异时，所有这些充其量只具有范例

---

① 例如戈特弗里德·玻姆（Gottfried Boehm）对此提出的批评观点
（Gottfried Boehm, *Studien zur Perspektivität. Philosophie und Kunst
in der Frühen Neuzeit*, Heidelberg, 1969, p. 15）。

价值；无论如何，这种理论还远远不足以系统化地解释不同思想体系及其象征形式。因此，如果透视只不过是风格的必然产物或其效果之一，那么我们可以在各种历史例证之间进行分析——从庞贝威提乌斯别墅发现的罗马镶嵌画到文艺复兴时期马萨乔的画作、17世纪萨恩勒丹画中的视角（见图 5.2）、巴勃罗·毕加索画中的叠加平面或梵高的"昆虫视角"[①]——所有这些都指向一个相当明确的结论：作为象征性形式的透视实际上只是艺

图 5.2　彼得·萨恩雷丹（Pieter Saenredam），荷兰乌德勒支圣母教堂的中殿和祭坛，1638，布面油画，62.5 cm × 93.5 cm，收藏于德国汉堡，汉堡美术馆。

———————————

① 梅洛-庞蒂正是如此形容梵高的一系列匍匐在地上的花卉作品中展现出的奇异与"非人"的视野（*L'institution-la passivité*，p. 85 et p. 280）。

术史中一个有限的部分。有鉴于此，人们可以梳理作为一种具象绘画技术的透视法的发展史，但这并没有什么特别之处。透视的历史将在文化形式的历史中占有一席之地，就像亚历山大体的历史、经文歌的历史，或者"十字路口的赫拉克利斯"的不同表现形式的历史（后者实际上是帕诺夫斯基自己写的）[1] 一样。最终，《作为象征形式的透视》确认了帕诺夫斯基把艺术史视为风格的历史的立场，与温克尔曼为这个学科设定的任务相一致。

然而，我们是不是真的能将帕诺夫斯基的文章归结为一篇关于风格的论文，就像他在最近被发现的那篇博士指导资格评定论文中，对米开朗基罗和拉斐尔的风格所做的比较研究？[2] 即使有些人支持这种解释，但它仍然值得推敲，特别是考虑到作者本人曾经表达过的坚定立场——努力推动由艺术史向文化史的拓展，力图将这门学科从他认为的形式主义的束缚中解放出来，

---

① Erwin Panofsky, *Herkules am Scheidewege*. Leipzig/Berlin, 1930（fr. *Hercule à la croisée des chemins. Et d'autres matériaux figuratifs de l'Antiquité dans l'art plus récent*, trad. D. Cohn, Paris, Flammarion, 1999）.

② Erwin Panofsky, *Die Gestaltungsprincipien Michelangelos besonders in ihrem Verhältnis zu denen Raffaels*［1920］, éd. Gerda Panofsky, Berlin/Boson, Walter de Gruyter, 2014.

打破以沃尔夫林（Wölfflin）和里格尔（Riegl）为代表的维也纳和慕尼黑学派传统对艺术史的禁锢（自然，他对沃尔夫林和里格尔的这种评价是非常值得质疑的）。当然，帕诺夫斯基的思想有对于形式主义的关注，尤其是在他所谓的"肖像学"（iconographie）层面。但他的整体分析并不打算止步于此，而是要进一步推进到"图像学"（iconologie）层面。只有在这个阶段，对图像的理解才真正开始，因为在他看来，纯粹的形式分析、内在分析仍然是人为的。分析必须"穿透"作品，发现它隐藏的原因、它的秘穴、它的密码。如果说形式分析在肖像学层面上提供了有用的帮助，那么图像学的理解则必须建立在对事情本质的理解上：任何图像的意义都不在图像本身，而在图像之外。[①]

　　因此，根据肖像学－图像学方法，具象绘画作品需

---

① Erwin Panofsky, «Contribution au problème de la description d'œuvres appartenant aux arts plastiques et à celui de l'interprétation de leur contenu» (1931)，后收录于 *La Perspective comme forme symbolique*，见前揭，Paris, Minuit, 1975。不过需要指出，在艺术史领域，引起最大关注的是帕诺夫斯基二战后在美国发表的这篇经过修订的文章，发表于 1955 年的 «Iconography and Iconology: An Introduction to the Study of Renaissance Art»（这篇文章的法语版：«Introduction»，in *Essais d'iconologie. Thèmes humanistes dans l'art de la Renaissance*，trad. Cl. Herbette et B. Teyssèdre, Paris, Gallimard, 1967, pp. 12‑52）。

要"解读",而且要根据源文本（如果是宗教绘画，就是《圣经》中的情节，如果是异教背景，则是神话传说，两者也都可以从寓言的角度）来进行解读。因此，每件艺术作品都有一个先在的"前文本"来作为它所表述的内容，并证明它的合理性。即使一部具象作品缺乏这样的"前文本"，但从本质上说也并没有什么不同，因为它仍然是对某种超越之物的"反映"：在帕诺夫斯基的理念中，具象作品是某个时期的"表症"，或某个艺术家的心态或某种时代精神的体现。因此，所有的具象的作品都是对某种观看方式的表达。撇开肖像学-图像学方法的局限性及其固有偏见不谈[①]，我们还是可以看到它与卡西尔在这方面的一个共同点：像卡西尔一样，帕诺夫斯基认为在特定的观看方式和某种再现形式之间、在直觉（Anschauung）和表现（Darstellung）之间，存在一种对称关系。康德的经典问题因此被取代了：他不再试图解释感受性和概念之间的关系，现在的关注重点是重新阐明感觉和意义之间的关系。概念及其特定的知识模式，现在只是众多指意形式中的一种模式。

---

① 参见 E. Alloa, «Iconic Turn: A Plea for Three Turns of the *Screw*», *Culture*, *Theory and Critique* 57. 2(2016) pp. 228 – 250。

经验的整合：先验（apriori）的历史

早在 1923 年，在《符号形式的哲学》第一卷的导言中，卡西尔就宣布要将康德的知识理论扩大，以支持一种普遍的文化哲学理论，从而将人类创造的其他符号系统——如语言、神话和艺术等——全部纳入考量范围：

在纯粹的认识功能之外，还必须理解语言思维、神话-宗教思维和艺术直觉的功能，从而明确揭示在它们之中的每个领域的内部，某种结构——与其说是世界的结构，不如说是指向世界的结构——自动形成一种客观的意义系统或直觉的整体目的（objektiven Anschauungsganzen）。理性批判也就此转化为文化批判。①

从字里行间可以读出他与新康德主义逐步的决裂。针对 19 世纪大行其道地将康德思想自然化，并为纯粹直觉形式找到生理学定位的尝试，马堡新康德学派，特别是卡西尔的老师赫尔曼·柯亨（Hermann Cohen）反而支持对康德进行严格的逻辑解读：所有经验的可能性

---

① Ernst Cassirer, *La philosophie des formes symboliques. T. 1: Le langage*, trad. O. Hansen-Love et J. Lacoste, Paris, Minuit, 1972, p. 20.

前提全然超出经验领域之外。不过，柯亨并没有无条件地为这位生于柯尼斯堡的哲学家辩护，因为他认为康德并没有将自己的计划坚持到底，非智力的知识来源——即纯粹的直觉——被置于与概念同等的地位，而不是像他原本宣称的那样优先于后者：

> 即使康德的纯粹直觉与笛卡儿和莱布尼茨所说的纯粹思想高度吻合，康德还是一直致力于将其与纯粹思想区分开来。这并不是因为它们注定要保持不同，而是为了让它们联合起来，并适应这种联合。但是，尽管出于这样的目的，这个词汇上的选择却把思想与直觉分离开来，因此深刻地损害了思想。
>
> 直觉（Anschauung）因此先于思想产生。直觉也是纯粹的，因此与思想紧密联结。但这样一来，思想的开端就始于自身之外的某物。这就是康德思想的基础的弱点之所在。这也是康德学派很快走向衰落的原因。[1]

简单地说，如果先验哲学声称能够提供一种解释，那么

---

[1] Hermann Cohen, *Logik der reinen Erkenntnis*, Berlin, 1902, p. 12 (trad. fr, « Logique de la connaissance pure（Introduction）» dans *Néokantismes et théorie de la connaissance*, trad. sous la dir. de M. de Launay, Paris, Vrin, 2000, p. 58).

它必须是先验的、内在于理性的，因此不能有任何经验性的东西混入逻辑原则之中。如果说赫尔曼·柯亨因此克服了康德哲学包含的两大二元对立〔首先是"两个世界"的本体论，因为他直接简明地消除了"物自体"，其次是直觉和概念之间的二元对立，他宣布直觉属于后验（a posteriori）领域〕，经历了这个主观主义转向后，不乏有人指出他的先验哲学再次落入唯心主义的窠臼。在这个新版本的康德主义中，空间和时间不再是先验直觉的形式，不再表明纯粹的感受性，而是位于纯概念结构层面（因此从根本上说是非时间和非空间的）。

但是，这种对空间和时间的逻辑化的全部意义在于，它令我们可以把科学的历史考虑在内；知性在形式上的去时间化为科学过程的时间性留出了空间。因为事实上，近代非欧几何的出现令康德体系中的一个基本矛盾暴露了出来：康德的思想中隐含地预设了一个欧几里得式的系统，对二维空间的纯粹直觉也对应着对空间是平面的直觉。然而，高斯或黎曼的非欧几何研究表明了二维空间也完全有可能是弯曲的，而不是平的，这意味着在这种情况下平面空间的直觉就是错误的，而对康德来说，这样的错误是不可能的。在柯亨（以及马尔堡新康德派学者）看来，如果空间和时间因此是纯粹的逻辑结构，那么对此的直觉就已经是经验性的了，这使得我们可以更广泛地思考数学和科学的历史发展。因此，不同科学门类对空间和时间的构建方式将大大改变他们的观察结果。因此，知识本身不再是一个要经长期探索达到的终极目标，而是由于认知模式的变化，成为一个"无限的任务"（unendliche Aufgabe）。①

恩斯特·卡西尔接受了马尔堡学派的很多观点，尤其是知识形式的历史化，并努力发掘这些观点在马尔堡学派所设定的有限的理论界域之外——也就是所谓的精确科学领域之外——会产生怎样的影响。他把柯亨奠定的历史化和动态化理论进一步扩展到所有的文化领域，对康德关于对世界的经验的可能性前提的分析进行了彻头彻尾的更新。这样一来，卡西尔依然承认所有直觉都具有统一的形式，独立于所有感性对象而存在。不过，对于康德来说，这些领会的形式总是保持一致。而在卡西尔看来，所有的直觉总是根据特定的符号体系，以这样或那样的方式进行调节，所以也可以说，它们也被这些符号体系"赋予了形式"并因此产生转向。所有这些都让人想起莱布尼茨的观点，

---

① Michael Friedman, *A Parting of the Ways*, Chicago et LaSalle, Open Court, 2000, chapitre 3, pp. 25 - 37.

对他来说，人类的领悟能力类似于镜子的力量：并非仅仅被动地记录着数据的镜子——这种被动模式将依然是中世纪的媒介种相（species in medio）模式的延续；而是一个活生生的、主动的镜子。因为人们领会一个物体的前提不仅包括了解对象的时空定位，或其数量和质量的确值。为了从非理性或前理性的角度更详细地展现意义的生成过程，我们还需要对模式的范畴进行重新审视。①

正是为了说明这一问题，卡西尔又再次以线条为例（见图 5.3）。面对眼前的一条线，我们可以从几个不同角度来看待它：第一，是它的表达功能；第二，可以把它看作数学中的一条正弦曲线；第三，把它看成一个神话象征；第四，我们可以从严格的审美角度出发，比如说，把它看成一个物体上的装饰。②这也就是说，一条线本身不可能被独立地、脱离特定视觉模式而被看

① Ernst Cassirer, *La philosophie des formes symboliques*, vol. 1:36*sqq.* et vol. 2:85.

② Ernst Cassirer, *La philosophie des formes symboliques*, *T. 3: La phénoménologie de la connaissance*, trad. C. Fronty, Paris, Minuit, 1972, pp. 226 - 222. Le même exemple de la ligne figure dans un article de 1927 (Cassirer, « Das Symbolproblem und seine Stellung in der Philosophie» in *Symbol, Technik, Sprache*, ed. E. W. Orth et J, M. Krois, Hambourg, 1985, pp. 5 *sq.*).

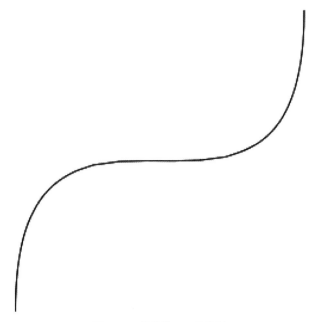

图 5.3　一条曲线（E. 埃洛阿）

到；人们总是以这样或那样的方式把它放在语言、科学、宗教或艺术等不同系统中来看待（这四种符号化系统也被称为四叶草，分别代表了卡西尔设想的四大基本类别）。对"物自体"的思考成为一种徒劳倒不是因为它（如赫尔曼·柯亨坚信的那样）是一种纯粹的精神建构，而是因为物自体总是以这样或那样的方式、以这样或那样的形式向我们敞开，而并不仅仅局限为形而上学的思考。早在 1925 年——在卡西尔与马丁·海德格尔著名的达沃斯之争发生之前，此时卡西尔尚未针对后者对康德的"本体论"解读提出批评——卡西尔就用一句话总结了自己的哲学思想的批评角度。走出对存在和现实的形而上学思辨，转向对各种文化形式的疑问："除去可见性和可视化（Sichtbarkeit und Sichtbarmachung）的不同形式之外，物自体究竟是什么，它是如何被构建的，现在我们已经无须思考这些问题了。"①

"可见性和可视化"（Sichtbarkeit und Sichtbarmachung）这两个术语——呼应了康德笔下的感受性（réceptivité）和自发性（spontanéité）这对概念，分别与直觉和思想相联系——在卡西尔的思想中将从此被放弃，以便于对感性作出不断的重新表述。卡西尔计划中的先验哲学的转型在 1917 年发表的《外置》（Disposition）中就已经提出，这部传奇的手稿来自他某一天在乘坐有轨电车时偶发的灵感："我们试图拥抱不同的/世界观及对世界的理解的形式/以单一的方式"，对理性的批判

① Ernst Cassirer, *Ein Beitrag zum Problem der Götternamen*, Studien der Bibliothek Warburg 6. Leipzig/Berlin 1925, p. 6; fr. *Langage et mythe*, trad. O. Hansen-Love, Paris, Minuit, 1973, p. 17, trad. modifiée.

（Kritik des Verstandes）也因此蜕变为"对理解的批判"
（Kritik des Verständnisses）。[①] 这就是为什么一年以后他
写道，象征化问题的出现关系着批判范围的扩大，从而
将"整个精神文化"（Ganze der geistigen Kultur）囊括
在内。[②] 经验不仅是对感性材料的概念化塑造；还是一
种形象化（figuration）操作，卡西尔也称其为"符号性
孕义"（prégnance symbolique）。这个概念具体指的是什
么呢？

此处应该理解为，知觉经验作为一种感性经验，同
时包含着某种非直观的"意义"（nicht-anschaulichen
Sinn），是对这一意义即刻而具体的再现。它并不是简
单的"知觉"材料，等待着进一步对其进行"统觉"并
加以解释、判断和转化。相反，它就是知觉本身，借助

---

① Ernst Cassirer, «Philosophie des Symbolischen（Allg. Disposition）» ［1917］,
Ernst Cassirer Papers, GEN MSS 98, Box 24, Folder 440 et 441, Beinecke
Rare Books and Manuscript Library, New Haven, Yale University. 转引自
Arno Schubbach, *Die Genese des Symbolischen. Zu den Anfängen von Ernst
Cassirer*, Hambourg, Meiner, 2016, p. 110。正是 Arno Schubbach 发现了著
名的《处置》的手稿，并深入分析了该文章作为研究方案在符号形式的哲
学的构思中起到的战略性地位。
② Ernst Cassirer, *Kants Leben und Lehre* ［1918］, Ernst Cassirer Werke
［= ECW］, vol. 8, Hambourg, Meiner, 2001, p. 150.

其内在组织机制形成一种精神"联结"，也根据其内部结构而从属于一种确定的意义结构。在其充分的活动和生命整体中，它同时也是"寓于"意义之中的生命。它不是后天被纳入这个领域的，而是以某种方式在其中诞生，与其共同产生。正是这种交织，这种在此时此地发生的特定的感知现象与特有的整体意义之间的联系，构成了上文所说的"孕义"（prégnance）。①

感性的内部符号化（in-formation symbolique）使经验得以实现，也使卡西尔得出了与康德相似的观点："正是通过再现功能的参与，意识才得以'把现象拼凑成可供解读的经验'。"②

一位匆忙的读者可能会留下这样的印象：卡西尔只是再次重复了康德思想的某些原则，并坚持认为，没有概念，所有的直觉都必然是盲目的。但如果果细考察，可以发现他对符号化行为的强调已远远超出了概念范畴，从某种意义上来说，他延续了对自发性力量的讨论，并把它扩展到整个文化领域的所有象征行为。换句

① Ernst Cassirer, *La philosophie des formes symboliques*, t. 3: *La phénoménologie de la connaissance*, trad. Cl. Fronty, Paris, Minuit, 1972, t. 3, p. 229.

② 同上书，p. 217。

话说，这意味着康德思想的核心问题——人是什么？——只有通过观察人类如何参与世界，作为主体来塑造自身和重构世界，才能作出回答。卡西尔在《人论》中依然坚持这一点：作为符号的动物，人的本质寓于他所建立的所有符号关系之中，寓于他在自己周围编织的符号网络。尤根·哈贝马斯（Jürgen Habermas）敏锐地捕捉到哲学的符号学重铸"①。

极简主义形式：视角只是一个风格问题吗？

帕诺夫斯基似乎会毫不犹豫地表示认同卡西尔确立的文化哲学的最终目标。更妙的是，卡西尔关于透视的文章似乎是将其付诸现实的最佳代表。在早期的一篇名为《物质与功能》（Substance et Fonction）的文章中，卡西尔坚持认为从测量几何学到位置几何学的转变推动了数学理论的深刻转型②。可以说，在他看来，现代数学的历史是以空间化思想为起点的。为了

---

① Jürgen Habermas, «Die befreiende Kraft der symbolischen Formgebung», *Vorträge aus dem Warburg-Haus* 1, Berlin, Akademie-Verlag, 1997, pp. 10 – 11.

② Ernst Cassirer, *Substance et Fonction. Éléments pour une théorie du concept*, trad. P. Caussat, Paris, Minuit, 1977, p. 96：" 现代几何学只有通过超越测量几何学，走向位置几何学，才能为自己所在的领域夯实基础，令自己获得真正的自由，令其方法获得普遍性。"

理解这一转变，卡西尔首先回顾了从中世纪前期到文艺复兴时期发生的空间思维范式的转变。[①] 在《物质与功能》中，卡西尔只是提出了一个研究计划，他在《文艺复兴哲学中的个人与宇宙》（*L'individu et le cosmos dans la philosophie de la Renaissance*）一书中对这个主题进行了更充分的发掘，他认为，从聚合空间到系统空间的过渡是建立在空间的同质化、也就是空间的功能化基础之上的：

> 这就意味着空间要摆脱它的实体性，摆脱它作为物的本质，以显示出它作为理想的线性建筑、自由构建的存在……从原则上说，可以从空间的任意一个点出发来建造同样的结构，每一个点都可以是一个一般性的几何建构的初始点，同样也可以是其完结点。[②]

不过，卡西尔认为，这样一种典型的现代科学理念，包括其中的数学、几何和宇宙观，早已尽数包含在透视理论中，正如埃尔温·帕诺夫斯基在《作为象征形式的透

---

① 同上，文中多次出现。

② Ernst Cassirer, *Individu et cosmos dans la philosophie de la Rena-issance*, trad. P. Quillet, Paris, Minuit, 1983, pp. 230 – 231.

视》中指出的那样①。这段话表明，卡西尔把帕诺夫斯基的文章视为从历史考古学角度对前现代时期认识论的探究。后者作为艺术史家，选择了一条与哲学家截然不同的道路，他的研究是对直观的历史形式（包括其可见形式和物质媒介）加以破译。这也是塞缪尔·埃杰顿（Samuel Edgerton）广为人知的观点："帕诺夫斯基的真正动机并不是要证明古人认为视觉世界是曲线的，或者文艺复兴透视法是一种纯粹的艺术惯例，而是揭示每个历史时期都有自己独特的'透视法'、其专属的象征形式，反映出某种特定的世界观（Weltanschauung）。"② 甚至可以说，在一幅遵循线性透视规则的画作面前，仿佛整个时代为自己举起了一面镜子；而按照这些规则绘制的每一幅绘画作品都表露出特定世界观，每一幅画都表达了"这幅世界图景的客观性"和其固有的"内在完整性"③。与帕诺夫斯基仓促的断言相反，在他文章中的

① "帕诺夫斯基刚刚证明了，这一发现并不局限于数学和宇宙学领域，在造型艺术、文艺复兴艺术理论方面，甚至在透视法理论中，都预示了现代数学和宇宙学将获得的重要进展。"（同上书，p. 231）

② Samuel Y. Edgerton, *The Renaissance Rediscovery of Linear Perspective*. New York, Basic Books, 1975, p. 156.

③ Cassirer, *La philosophie des formes symboliques*, T. 2: *La pensée mythique*, trad. J. Lacoste, Paris, Minuit, 1972, p. 52.

某处，可以看到透视远远不止是一种"风格因素"①。
这种理论上的犹豫或许解释了为什么帕诺夫斯基的一
些批评者，例如亨利·皮雷纳（Henri Pirenne），认为
完全有理由将中心透视法与亚历山大体韵诗放在同等
地位，也因此可以把这两者与真正的认识论探究区分
开来。②但是，对《作为象征形式的透视》一文更全面
的考量将阻止我们作出这样的结论，很难想象帕诺夫
斯基在文中想要讨论的仅仅是传统风格史问题。与其
说这篇文章是一部风格"形象"的历史，不如说它是
一部"风格化"的历史——人们如何赋予经验以特定
形式的历史。从这个意义上来说，中心透视法体现了
现代时期客观化地描绘世界的特征，而帕诺夫斯基正
是在这一点上与卡西尔非常接近：在中心透视法中，
我们确实看到了《符号形式的哲学》的作者指出的直
觉（Anschauung）与表现（Darstellung）之间的共
同点。

　　尽管如此，其中暗含的黑格尔式的历史观——约
翰·克罗斯（John M. Krois）早就强调过这种把康德

---

① Panofsky, *La Perspective comme forme symbolique*, 见前揭, p. 78。

② M. H. Pirenne, «The Scientific Basis of Leonardo da Vinci's Theory of
Perspective», *The British Journal for the Philosophy of Science* 3(1952/
53), p. 170.

"黑格尔化"的倾向①——并没有历史确证，因为线性透视法的发现和与之相关的投影量度概念并没有完全取代欧几里得光学原理及角尺寸概念（关于这一点，直到17世纪末，皇家绘画和雕塑学院一直在这个问题上展开激烈的争论，以确定两种光学理论中哪一种更贴近真实）。而在艺术实践上，差异就更加明显了。

作为科学论著《论绘画中的透视法》的作者，皮耶罗·德拉·弗朗切斯卡虽然在书中为严格遵循几何-数学原则的再现体系辩护，但在他自己的绘画作品中，却很谨慎地没有把线性透视技巧应用其中。而在另一位艺术家马萨乔的作品中，我们可以看到几何原则和造型原则之间最明确的分野。他在佛罗伦萨新圣母玛利亚教堂创作的著名壁画是公认的透视画的登峰造极之作，也是在这幅壁画中，瓦萨里认为，画家的创作终于打破了墙壁的局限②（见图5.4）。不过，马萨乔的《圣三位一

① John M. Krois, *Cassirer, Symbolic Forms and History*, New Haven/Londres, 1987.

② Giorgio Vasari, « Vita di Masaccio », dans *Le vite dei più eccellenti pittori, scultori e architetti*, s. l. d. L. et C. L. Ragghianti, Milan, Rizzoli, 1971, vol. I, pp. 794 - 795, 原文 : « Quello che vi è bellissimo, oltre alle figure, è una volta a mezza botte tirata in prospettiva, e spartita in quadri pieni di rosoni diminuiscono e scortano così bene, che pare che sia bucato quel *muro* »。

图 5.4　马萨乔，《圣三位一体》（约 1426），湿壁画，6.67 m×3.17 m，收藏于意大利佛罗伦萨，新圣母玛利亚教堂。

体》（*Trinità*）只是部分遵守了几何学的透视规则。这种偏离是由于艺术家还没有完全掌握这些规律吗？还是以艺术之名，对自然法则进行的自由改编？对此的回答关乎作品的主题。读者们还记得阿尔贝蒂对绘画的著名定义："（绘画是）一扇打开的窗户，我们可以通过它来观察历史（historia）。"[1]问题的关键在于基督在十字架上的死亡是否构成了历史，换句话说，它是否构成了一个受自然因果律的支配的世俗的事件？让神服从于透视比例的规则，难道不是一种亵渎的行为吗？艺术家似乎考虑到双重要求，既要通过接受物理学定律，表明上帝确实以肉身出现在这个世界上，又要同时为三位一体的父亲形象保留了坚定的超越性。这是对事件的重新阐释，将神化身为人的事件树立为一种全新类型的历史，这是在新约的背景下，将具身化解读为一个新的时-空类型，即末世论空间。如果他真的采用了救赎的视角，将会引导观众摆脱地位较低的、严格意义上的世间视角，上升到拱顶，看到超越图像之外的、画面"背后"的景象。

但是，尽管对各各他山场景如此的表述确定无疑地

---

[1] L. B. Alberti, *La Peinture*（1436）, texte latin, trad. fr., version italienne, édition de Thomas Golsenne & Bertrand Prévost, revue par Yves Hersant, Paris, Seuil, 2004, I. 19.

建立了一段有关救赎的历史，但在依照透视法对历史空间的设定中，我们依然不能确定圣父在其中的确切位置。如果他真的在靠小教堂后墙的红色石棺上方，我们能从下方看到他的脚，那么根据仰视视角的严格投影规则，他的头部一定是向后倾斜的。如果圣父向前倾斜以更好地支撑十字架，那他的头部应该处于更低的位置，并根据透视原则缩小比例。但事实并非如此。这就是为什么，正如帕诺夫斯基所指出的，我们不能充分断言这部作品中的视角"已经是一个完全准确和统一的建构"[1]。人们通常以画家对新发现的掌握仍不完善来作为对此的解释，但这与统一绘画空间以使所有物体服从透视规则的意图并不矛盾。帕诺夫斯基认为，即使是神，也被简化为"仅仅是人类意识的内容"[2]。然而，对此还有另外一种假设。应不应该认为马萨乔已经察觉到了这种差异，并且有意造成这种差异，以便更好地呈现这个无法被新的空间构建规则所吸收的超验性领域？即使不回到神隐说（deus absconditus），难道我们不应该为路易·马林所说的"再现的晦暗性"留出空间，换句话说，使用能够抵抗完全透明的逻辑并呈现出具象创作

---

① Erwin Panofsky, *La Perspective comme forme symbolique*, p. 147.
② 同上书，p. 182。

材料的元素①。假设这一假说是正确的，那么这势必意味着，在一个新的具象规范类型建立起来的那一刻，它就已经被实施它的艺术家们颠覆了。马萨乔的壁画，以及其中反转透视（perspective inversée）的上帝，将成为中央透视法批评的漫长历史的一部分，这个故事有一天必将被诉诸纸面，在这个故事中，新拜占庭的圣像、荷尔拜因的变形或勃拉克对小提琴的多视角蒙太奇拼接都将是重要的历史事件。②

至多主义形式，或：复数的视角

因此，帕诺夫斯基的文章的说服力完全取决于如何理解视角这个概念。而对这个问题的回答远远不是这样简单，因为作者在整个文本中对该词的使用呈现出很大

---

① Louis Marin, *Opacité de la peinture: Essais sur la représentation au Quattrocento*, Paris, Éditions EHESS, 2006.

② 有关圣像的反转透视特征，参见 Pavel A. Florenski, *La perspective inversée*, trad. O. Kachler, Paris, Allia, 2013。马萨乔的《圣三位一体》被该作者列入了"反透视法"的历史，参见 Thomas Hensel, «Aperspektive als symbolische Form: Eine Annäherung», *IMAGE 1: Zeitschrift für interdisziplinäre Bildforschung*, en ligne ［http://bit.ly/2nkwZU6］。有关这幅壁画的更多信息，参见 Alexander Perrig «Masaccios 'Trinità' und der Sinn der Zentralperspektive», *Marburger Jahrbuch für Kunstwissenschaft* 21(1986), pp. 11 – 43。

差异。在一条简短注释中，帕诺夫斯基提供了他对视角的定义：

> 对我们来说，透视这个词最丰富的意义，是一种再现多个对象及其所处的同一隅空间的方式，它能够令绘画的物质载体完全隐匿，被透明平面的概念取代，让我们相信自己的目光穿过这个平面，进入一个想象的外部空间，这个空间中包含的所有对象都具有明确的连贯性，不受绘画边缘的限制，后者只是对它们的（视觉）切割。[1]

这种将图像作为对视觉金字塔的切割的观念表明，帕诺夫斯基的"透视"只是指科学透视法，统一的、几何的、线性透视或中心透视。但在其他地方，他又坚称，我们关注的不仅仅是某些文明阶段是否已经了解了"透视法，而是他们使用什么样的透视法"[2]。这句话很好地说明了主旨：必然存在一种以上的透视法。这是文本中最关键的一点，它让我们最终面对本书开头提出的那个问题，即透视法是否，以及在什么条件下，能够真正构

---

[1] Erwin Panofsky, *La Perspective comme forme symbolique*, 见前揭, p. 39。

[2] 同上书, p. 79。

成一种象征形式。

　　而帕诺夫斯基一边赞颂中心透视法的引入为文明带来的不可思议的突破，另一边又强调这不是一个单纯的科学"发现"——这不是一个始终存在的规律，人们可以像摘下成熟的果实一样摘取它。严格来说，它应该被看作一种文化发明，人们可以通过它重构世界：这就是为什么不能把《作为象征形式的透视》理解为一种符号化历史进程的自然化，正如我们也不能把这篇文章简化为对作为一种纯粹的社会惯例透视法的观点的抨击——某些美国理论家所持的正是这种观点。尽管围绕所谓"曲面透视"的讨论有时让人觉得，帕诺夫斯基希望将其作为一种自然的透视法，与纯粹惯例式的再现原则对立起来，但帕诺夫斯基在最后明确表示，如果说所有的透视法都意图建立某种秩序，这种秩序"是在视觉现象中建立起来的"[①]。不管是哪种透视——平行透视、椭圆透视、曲线透视还是线性透视，都并不重要，视觉从来不遵循既定的秩序，而是由直觉的感性材料动态构成的。因此，如果我们把它理解为（在数学家的积分计算的意义上来说）整合的结果，透视将是一个"整体

---

① Erwin Panofsky, *La Perspective comme forme symbolique*，见前揭，p. 181。

经验"。①

在这一点上，我们早已超越了经典的艺术史或光学史分析的框架，所以透视法不再代表一种可供分析的形式，而是一种造形原则。卡西尔本人曾谈到透视是一种视觉反转，或者——从一个更隐喻的层面上来说——态度的改变，因为我们将从图像-背景（figure-fond）等关系出发理解所有知觉经验。② 但这样一来对特定文化技术的历史解读还剩下什么？在纯粹比喻意义上使用透视法概念，难道不是在耗尽它吗？换句话说，在帕诺夫斯基对古希腊光学思想的考古研究中，他是不是正在试图从现代性的立场向前追溯，借助莱布尼茨和尼采等思想家推动的哲学视角主义，来重新阐释这个概念？

《透视的诗学》（*The Poetics of Perspective*）一书的作者詹姆斯·埃尔金斯（James Elkins）指出，扩大的透视概念在多大程度上不能再被归入作为单纯再现原则的透视法这样一个狭窄的定义，以及为什么扩大的透视理念成了线性透视法的可能性条件③。首先要承认，

---

① Ernst Cassirer, *Philosophie des formes symboliques*, 见前揭, t. 3, p. 230。

② 同上书, pp. 182 – 183。

③ James Elkins, *The Poetics of Perspective*, 见前揭。

所有对世界的认识都是从某个特定角度出发的，只有这样才能全面衡量以透视为原则对世界的再现所达到的成就。从这个意义上来讲，透视并不是某个特定（文化的、历史的或主观的）视角的别称，而是所有的显现、所有出现的过程——事物获得可见性的过程的一般条件。

作为媒介的视角

经过这段漫长的回顾，我们现在可以回答前面提出的那个问题了——透视是一种象征形式吗？透视可以成为一种象征形式吗？透视不是卡西尔所谓的象征/符号形式，其原因有二。

首先，透视不是一种符号形式，因为作为中心透视，它不符合卡西尔设定的限制条件，即符号形式是跨越时间的，在历史上的任何时刻，我们都可以找到它的踪迹（卡西尔提到的符号形式一般存在于艺术、技术和科学领域[①]）。其次，如果我们把它理解为一种普遍的视角，它就远远超出了卡西尔设定的启发式分类。它在实际上等同于"范式"，但与托马斯·库恩（T. S. Kuhn）提出的科学"范式"有着完全不同的意义。在这里，不能把"范式"仅仅看作对某种特定认识论框架的翻译，

---

① Maurice Merleau-Ponty, *L'institution-la passivité*, 见前揭, p. 178。

而是要通过语言学家给出的定义去理解它。换句话说，透视与语言学范式有关联，语言学家指出的特定符号所包含的词根——例如，印欧语词源——表明了这种纯粹的形式并不存在于经验领域，它的出现总是通过词尾的变化形式体现出来。将这一原则应用于透视，则意味着不存在纯粹的透视，透视总是以特定的变形形式出现。

可见，帕诺夫斯基所分析的透视，并不符合卡西尔建立的概念体系，原因有二：首先，它要么大大超出了象征形式的范畴，要么是狭窄的。超出，因为从根本上说，透视可以包括任何对世界的象征手法——甚至可以说，任何一种看待世界的方法都是一种透视。其次，帕诺夫斯基有时并不使用"透视"这个词，而是简单地用"相对性"取而代之。他的宣言《艺术史是一门人文学科》就提到了一种将会超越物理学之上的"文化相对论"[1]。通过对可能性条件的相对化处理，"无限"本身获得了新的含义：透视本身不可避免地是限定的、有限的和片面的，它既是人类与周围事物建立关系的前提条件，也是对此的限制。因此，透视是人们接触现实的媒

---

[1] "人性整体也受到一种文化'相对论理论'的制约，如同物理学领域一样。"（Erwin Panofsky, «L'histoire de l'art est une discipline humaniste», *L'œuvre d'art et ses significations. Essais sur les arts visuels*, trad. M. et B. Teyssèdre, Paris, Gallimard, 1969, p. 34）

介，尽管按照卡西尔的说法，它呈现了"现实全新的一面"，但它也同时阻碍了我们对现实的直接把握：因此，透视既是一种构形原则，同时也是变形的原则。

卡西尔在《符号形式的哲学》第三卷的导言中也提出了类似的观点——尽管他谈的并非透视而是别的东西。他谈到了"棱镜"的形象，经验总是不可避免地透过棱镜来得以成形，而这些棱镜分别对应着众多符号形式。人们只能通过外在的处境——异质的媒介——来理解"现实的首要层面"：

> 我们似乎只能在这些形式各自的特殊性中把握现实；但这也意味着，现实在通过这些形式展现自身的同时，也通过它们来伪装自己。那些决定了精神世界的规定性、其特色和基本特征的首要功能，当它们被一个"主体"所领会和占有时，就好像是存在本身发散出的众多折射，显示出统一、均质的特征。从这个角度来看，符号形式的哲学，无非是试图确定每一种形式特有的精确折射率，搞清楚不同折射介质的特性，揭示每一种介质的构成及其结构定律。①

----

① Ernst Cassirer, *La philosophie des formes symboliques*, t. 3, 见前揭, p. 13。

　　令人遗憾的是，恩斯特·卡西尔的文化哲学中并没有考虑到透视这一最佳的折射媒介。这也是因为，缺乏了一种自上而下的彻底整合，打破符号形式哲学的总体架构，卡西尔的文化哲学还无法把后者纳入自身思考。

第六章

走向一种全新的视角主义

为什么我们要在今天去回顾透视法漫长的历史演变？时至今日，我们为什么还会对中世纪的光学论文、文艺复兴时期的工程设计、两次世界大战之间一位哲学家和一位艺术史学家的讨论，以及拜占庭时期围绕着柏拉图手稿发生的争执感兴趣呢？可以说，这显得完全不合时宜。不合时宜，因为以上每一个领域都不乏文献著述，而且对透视法的研究无论从时间跨度还是涉及广度上都已颇为可观。不合时宜，更是因为去重新打开这样一个棘手又无人期待的话题，显然是有点疯狂的想法。最后，更重要的是，当前的世界似乎面临着许多更为紧迫的问题，这让本书显得更加不合时宜。

在撰写这本书的过程中，这些疑虑也曾多次向笔者袭来。写作计划尚处保密阶段之时，一些朋友和同事向笔者表达了对如此胆量的钦佩，但这也无疑是对胆大妄为者的提醒。我们也可以把这钦佩理解为毫不掩饰的困惑：回头去讨论这个问题最终能为我们带来什么？然而，在探究过程中，这个看似无意义的主题却越来越多地显示出与当前现实矛盾的联系。

后真相与新事实主义

毫无疑问，当《牛津词典》的编纂人员将"后真相"（post-truth）作为 2016 年的年度词汇时，他们敏锐地捕捉到了时代新趋势。那些出于政治目的公然使用的谎言、假新闻（fake news）的泛滥和精准造假技术（fake tech）的发展，让人不免感到我们已经进入了一个谎言战胜事实的全新时代。看起来，真相所面临的处境不容乐观，随处可见的扭曲事实的卑劣手段，显示出在今天对真相的公然蔑视已经成了累积政治资本的保障。谎言泛滥、阴谋论盛行，以及对"假信息"（infox）的蓄意传播，都造成了人们的认知不协调，最终破坏了对共同世界和共同福祉的信仰：真理的标准逐步被强者法则所取代。

这些现象是如何与视角问题联系到一起的？现如今，对真相的蔑视越来越多地披上了视角主义外衣：对他择性信息，甚至"他择性事实"（faits alternatifs）的传播，经常以呈现观点多样性为借口。对坚持不同观点的权利的强调，成了那些对媒体信息、科学意见或政府言论提出质疑，又无法将这一质疑上升到国家层面讨论的人经常使用的论据（用来表达对疫苗接种政策的反对，以及对气候变化所持的怀疑论、阴谋论观点等）。这就是为什么近些年来神创论的捍卫者取得了重要进展，提议将神创论纳入生物课程，与达尔文的进化论并列：他们所持理由混合了保守主义和新自由主义的奇怪论调，例如应该给予每个人尽可能自由地抉择他或她的想法的机会，每个人必须能够决定他或她更愿意相信世界的创造是经历了数百万年，还是只用了一个星期。不少宇宙论观点也以此为论据，例如当前不断扩张的地平论协会（Flat Earth Society），宣称优秀的科学家应该始终为怀疑留下余地：地球总归有可能是平的，即使众多航空公司、空中交通管理中心和 GPS 制造商会因为共同利益而联合起来，让我们相信它是圆的。而当此类论点服务于修正主义目的时，它们的作用就不仅仅是茶余谈资，例如，在追究 20 世纪的种族屠杀问题时，就有人以"他择性记忆"（mémoires alternatives）作为辩护的理由；还有，几十年来，烟草业一直以吸烟对健康的影响需要更详尽的研究依据为由，拖延对烟草产品更为严格的立法。

过去，坚持少数派立场和他择性意见是身属进步阵营的标志，同行者都是那些相信我们可以用其他方式去

做事、去思考的人，与之对立的是那些坚持认为一切本
应如此、没有其他可能的人〔"没有其他可能（there is
no alternative）"，撒切尔夫人曾以之为口号，这就是她
著名的 TINA 原则〕。从那时起，一切都被重新洗牌，
倒退的力量取代了他择性可能。替代真理、他择性事
实、另类科学……全盘接收，百无禁忌，甚至有一部分
美国右翼成员现在宁愿自诩为他择右派（alt-right）。此
时此刻，以思想开放和百家争鸣之名，一场蒙昧的倒退
正在发生。与尼采热切呼唤的"自由精神"相反，观点
的多元化似乎正在为当下的政治倒退铺平道路。

　　我们不能对主流官方媒体发布的他择言论视若无
睹、放任自流，否则就是在纵容那些随意指派身份、编
造事实、混淆视听以操纵未来发展方向的投机者。可惜
的是，近年来人们总是把回应重点放在对"事实"的辩
护上。显而易见，"他择性事实"的出现就是这场"真
相危机"最明显的症状之一。谎报 2017 年总统就职典礼
的参加人数，或无中生有地编造大屠杀惨案（"鲍林格林
大屠杀"）的行为，都借助了所谓的平行信息而获得合
法化，白宫顾问凯莉安妮·康威（Kellyanne Conway）正
是为此发明了"他择性事实"这个说法。许多人认为这
个概念呼应了乔治·奥威尔的反乌托邦小说《1984》，小
说中描述的"新语言"——新闻语言（newspeak）——

就是这样一种捏造现实、强迫公民接受并认同该现实的机制。然而，经过更为仔细的考察，我们会发现这个比喻有极大误导性。因为奥威尔在小说中描绘的是一种简单的二元倒置（错误成了真理，真理成了错误），《1984》的公民们不得不练习心理杂技，才能做到以真为假、以假为真［即著名的双重思考（double-think）］，但凯莉安妮·康威所做的并不是真假倒置：她所提出的观点，连同他择性事实和替代真理概念，都受到多元观点理论的庇护，令我们不得不承认观点的复杂多元性。

面对如此攻击，人们自然而然地想要为那些朴素的、无可争议的事实进行辩护。为了驳斥那些对气候变化现状的否认、驳斥修正主义者、驳斥那些声称世界是在 6 000 年前被创造出来的观点，我们有充分理由去捍卫客观现实。近年来，对后真相的回应往往引发了强调尊重事实的事实主义（factualisme）的大举回归，以制衡观点主义谬误：是的，观点是多元的，但事实本身独立于我们对其的概念化理解。因此，不难理解目前哲学领域对回归现实主义的极大呼声，而在公共辩论中，这一倾向主要体现为新事实主义（néofactualisme）言论。从新事实主义的角度来看，采取现实主义立场意味着脱离视角的局限——凡是视角必然是片面的——以便揭示出所有阐释中包含的纯粹事实。在当今，如果我们还坚持所有认识中都应该或必然包含某种视角，就会突然发现自己面临指责，不得不为自己的观点做出辩解。我们再次身陷论战之中，只是各执一词的双方都不免偏执——无论是后真相主义还是新事实主义，都各自代表了当前认识论潮流中隐藏的暗礁，我们必须学会在斯库拉和卡律布狄斯[①]之间谨慎行驶。

拉美西斯二世、木星的卫星和伦勃朗的诞生

在关于事实的事实性的辩论中，纽约哲学家保罗·博格西昂（Paul Boghossian）的《对知识的恐惧》（*The Fear of Knowledge*）是一部具有里程碑意义的作品。[②] 博格西昂意识到否定主义和把某些史实（如种族灭绝）相对化的言论的危险[③]，他在书中指责了构成主义哲学和后现代主义哲学，认为它们不仅没有能力反击当前的相对主义，还为其奠定了基础。他所举的例子中包括"拉美西斯二世之争"。在一篇早年文章中，布鲁

---

① 希腊神话中守护在墨西拿海峡两侧的海妖。——译者注

② Paul Boghossian, *La peur du savoir. Sur le relativisme et le constructivisme de la connaissance*, Paris, Agone, 2009.

③ Paul Boghossian, « The concept of genocide », *Journal of Genocide Research*, vol. 12, n° 1 - 2, juin 2010, pp. 69 - 80.

诺·拉图尔曾提到一个埃及研究小组声称揭示了于公元前 1213 年去世的拉美西斯二世法老的死因。[①] 在分析了拉美西斯二世的木乃伊之后，这群埃及学家得出结论，这位法老死于肺结核。布鲁诺·拉图尔对此做出了颇具挑衅意味的回应：拉美西斯二世的死亡不会是由结核病引起的，因为埃及人还不知道结核病菌的存在，结核病菌直到 1882 年才由罗伯特·科赫（Robert Koch）发现。

在《对知识的恐惧》中，保罗·博格西昂把这个例子作为构成主义和相对主义全部弊病的集中体现：结核分歧杆菌在它的发现者出生之前就早已存在了。不过，如果拉图尔的观点不是针对拉美西斯的死因，而是针对知识的类别区分及其真理标准的历史，又当如何呢？毕竟，狗的概念本身并不会吠叫，杆菌的概念也对法老的死亡无责。此外，说一种细菌"存在"又是什么意思？为什么我们可以说一个细菌是"活的"，却否认病毒处于同样状态？为什么细菌学研究总是在不断修正关于细菌的"诞生"和它们在地球上出现的确切日期的假设？杆菌的情况也同样适用于基本粒子：如果承认原子在恐龙时代就已经存在，我们仍然需要知道我们谈论的是哪

---

① Bruno Latour, « Ramsès II est-il mort de la turberculose?», *La Recherche*, vol. 307, 1988, pp. 84 – 88.

些原子，是德谟克利特、欧内斯特·卢瑟福还是尼尔斯·玻尔所认定的原子呢？

但是，除了分类问题（一些事实主义者已承认这一问题的存在）之外，还有一个更严重的问题。通过假设事实独立于获取事实的渠道，事实主义者不仅断言事实不由赋予其意义的阐释方法决定，他们还断言，事实的现实状况只有一个，对其真实的描述也只有一种，这个真理可能还无法被一个知识主体获取（比如说，因为科学不发达），甚至可以想象，人们永远无法洞穿这一真相的奥秘。但这并不改变这样一个事实，即对事实的真实描述有且仅有一个。这样一来，真相就是一个与现实的对应性问题。这样一种事实主义理念不过是对应主义（correspondantisme）思想依据当代喜好的更新，也恰恰是视角主义避之唯恐不及的。

标榜新事实主义的俗世之人喜欢忽略这样一个事实：我们对"事实"（fait）的分类本身也取决于不断变化的知识体系。从词源学角度来讲，事实（fait）这个词源于制造（fabrication）、来自陈述书/谤文（factum），这一点并非偶然，因此，将事实与获取事实的渠道割裂开来将是目光短浅的表现。当然，人们可以反驳说，问题的关键在于混淆了对一个事实的描述和它的现实：毕竟，新事实主义者并不质疑我们的描述是不是捏造的

（从历史、社会、政治的角度来说），但他们确实质疑这些描述所代表的事实是捏造的。然后他们会争辩说，一个事物的存在先于对它的认识（不管从逻辑还是时间角度，本体论都是先于认识论的）：在伽利略发现月球阴影之前，月亮的表面一直都布满了陨石坑。博格西昂指出，对自然事实的任何表述都要据此作为衡量，因此，它们要么是正确的，要么（或多或少）是错误的。这是把相对主义排除在知识范围之外的一种方式：正如世界的诞生日期不受任何偏好的影响一样，我也不能说"对我来说木星有 30 颗卫星"。这将是一个毫无意义的声明，博格西昂提醒我们，因为这本就不是一个信念的问题，而是有关于事实真相。然而，当伽利略在 1610 年将他的新望远镜对准木星时，他只看到 4 颗卫星围绕着这个星球运行。今天，天文学家一致认为木星有 67 颗卫星，这个数字还一直在变化之中。如果我们坚持认为，对一位任职于阿塔卡马沙漠阿尔马天文台的天文学家来说，对生活在 1610 年的伽利略来说，或者对一位用肉眼观察天空的星空爱好者来说，木星"在他眼中"分别拥有 67 颗、4 颗或 0 颗卫星，是不是真的那么不可理喻？对现实的正确表述真的有且只有一种吗？

　　针对以上这些例子，有些人可能会提议在阐释（interprétation，总是受制于社会习俗）和事实（fait,

从定义上来说是不可改变的）之间作出区分。如此一来，我们完全可以说目前还没有发现木星的所有卫星，而这个终极事实决定了我们的阐释的有效性。约翰·希尔勒（John Searle）就主张进行这样的区分，此后被许多与新现实主义有关的立场采纳。[①] 希尔勒举了这样一个例子：人们可以对伦勃朗是否真的是历史上最伟大的画家持不同意见，但没有客观依据能够令人对伦勃朗生于 1606 年这个事实提出异议。这似乎是一个定论。不过，人们是从何种立场出发来对认识论和本体论作出区分的呢？希拉里·劳森（Hilary Lawson）提醒我们，"伦勃朗生于 1606 年"这个命题所宣称的本体论客观性是建立在严格的社会标准网络之上的，也就是所有那些希尔勒想要将其与"原始事实"加以区分的惯例。[②] 伦勃朗的出生时间根据不同的历法（中国历、格列历、儒略历、希伯来历、伊斯兰历……）都各有不同（这就像断言十月革命"客观上"发生在 11 月一样荒谬，但根据格列历，情况确实如此）。即使是"伦勃朗出生"这个命题也远非确信无疑，因为一位艺术史学家很可能会反

---

① John Searle, *La construction de la réalité sociale*, Paris, Gallimard, 1998.

② 参见 Hilary Lawson, *After the End of Truth*（2015），https://bit.ly/2HXiPiQ, 浏览于 2016 年 11 月。

驳说，虽然后来成为伦勃朗的那个人的确出生于 1606
年，但以这个名字闻名的伟大艺术家实际上诞生于 1630
年左右。同样，我们甚至可以想象一位古人类学家在某
篇演讲的开篇宣称"伦勃朗是在距今大约 35 000 年前与
最古老的洞穴壁画一起诞生的"。总之，在许多号称真
实的日期面前，事实主义者将不得不进一步区分字面的
真实和隐喻的真实，以排除他择性选项，只保留"原
始"事实。然而，必须看到，对基本真实和派生真实的
区分本身就来自惯例规范之下的特定社会实践。正如尼
采所说："不存在纯然的'事态'；相反，总是先有了意
义的投射，才有了事实状态。"① 所有这些都提醒我们，
在哲学中，不要过早地援引所谓的常识——诸如"伦勃
朗出生于 1606 年""巴黎是法国的首都"或"今天天气
很好"这样的说法，它们只是乍看之下显得清晰。事实
上，它们只有在一个由社会惯例紧密交织而成的语境中
才具有意义［在这个问题上，芭芭拉·卡辛（Barbara
Cassin）说事实都是经过"固定"的结果，显然不无道
理］，而现实主义运动所渴望的外部视角再次变得难以
企及。因此，要回到前康德立场，即强调本体论先于认
识论，其目的远非如此单纯。换句话说，依赖常识也可

---

① Nietzsche, FP Ⅻ, 2[149]；KSA 12, p. 140.

以走向民粹主义，而后者正是新事实主义力图（明智地）加以遏制的政治局面。

此外，还应注意，新事实主义不仅体现在政治领域的后真相话语、在学校教育中引入造世论，或以"他择性叙述"之名高举否定主义论调，还经常表现为与传统思想的和解，后者为无处不在的相对主义提供了基石——无论是后现代主义、语言游戏哲学、解构主义或社会建构主义，都共同为当代"一切皆可"（anything goes）论调的流行奠定了基础。我们在《科学美国人》中读到："通过颠覆科学的客观性基础，这些后现代主义者不知不觉为极权主义的再次崛起奠定了哲学基础。"[1] 同样，媒体知识分子柯南·马利克（Kenan Malik）指出，"近几十年来，在学术界和左派的部分人士的努力下，一种文化逐步形成，令人以为对事实和知识的相对化看法是无害的，这不仅有助于反动右派改头换面重新得势，还进一步推动了反动思想的散播"[2]。哲

---

[1] Shawn Otto, «A Plan to Defend against the War on Science», *Scientific American*, 9 October 2016, https://www.scientificamerican.com/article/a-plan-to-defend-against-the-war-on-science/, 浏览于 2018 年 9 月 4 日。

[2] Kenan Malik, «Not Post-Truth as too many "truths"», *Pandaemonium*, 5 février 2017, https://kenanmalik.com/2017/02/05/not-post-truth-as-too-many-truths/, 浏览于 2018 年 9 月 4 日。

学家丹尼尔·丹内特（Daniel Dennett）也提出了同样的观点："我认为后现代主义者的行为是真正的邪恶（truly evil）。由他们煽动的智性狂热把对真理和对事实的冷嘲热讽标榜为可敬的行为。以至于有人会说，'您也跟那些群众一样仍然相信事实啊'。"① 俄罗斯裔英国知识分子彼得·波莫兰契夫（Peter Pomerantsev）在他的专栏文章《为什么我们是后事实》（Why We're Post-Fact）中也赞同："这种把真理和谬误等同齐观的态度建立在晚期相对主义和后现代主义基础之上并从中大大获益。"② 莫里奇奥·费拉里斯（Maurizio Ferraris）也多次阐述了这一论点。在《新实在论宣言》（*Manifeste pour un nouveau réalisme*）中，费拉里斯指出，媒体民粹主义及其创造的景观社会是后现代闹剧最有效，也是最具威胁性的实践。

虽然有着众多意见分歧，马利克、波莫兰契夫和费拉里斯都指出了同一个罪魁祸首：弗里德里希·尼采。

---

① Daniel Dennett, «'I begrudge every hour I have to spend worrying about politics'», *The Observer*, 12 février 2017, https://www.theguardian.com/science/2017/feb/12/daniel-dennett-politics-bacteria-bach-back-dawkins-trump-interview, 浏览于 2018 年 9 月 4 日。

② Peter Pomerantsev, «Why We're Post-Fact», *Granta*, 20 juillet 2016, https://granta.com/why-were-post-fact/, 浏览于 2018 年 9 月 4 日。

让我们引用费拉里斯的话："后现代对进步的不信任，其思想源头来自尼采——真理可能是坏的，而幻觉可能是好的，这就是现代世界的命运。最重要的不是'上帝已死'的宣言（正如黑格尔在尼采面前所做的断言），而是'没有事实，只有阐释'，因为真实的世界已随之终结，化为一则寓言。"① 波莫兰契夫也认同这一立场：后现代主义"信奉尼采的格言，即没有事实，只有阐释，因此，事件的每一个版本都只是无数种讲述方式之一，谎言可以作为'另一种观点'或'另一种意见'而被原谅，因为'一切都是相对的'，'每个人都紧握属于自己的真相'"。那么，事实究竟如何呢？

知识与权力

费拉里斯认为，当尼采宣称"没有事实，只有阐释"② 时，不仅犯了一个逻辑错误，还开创了一个具有灾难性政治后果的思想传统：把知识和权力联系起来。其中的逻辑错误是显而易见的，这一点也适用于所有的相对主义立场：如果只有阐释，就不再有任何可阐

---

① Maurizio Ferraris, *Manifeste du nouveau réalisme*, Paris, Hermann, 2014, pp. 10 - 11.

② Friedrich Nietzsche, FP Ⅻ, 7[60], p. 305; KSA 12, p. 315.

释的东西，换句话说，阐释不能是凭空的阐释（同样，"没有真理"的断言是一个自相矛盾的断言。如果相对主义只是众多选择中的一个，我们就没有理由保留而不去否定它）。这种逻辑论证早已众所周知，而且也没有什么真正的新颖之处。而政治上的论点更令人惊讶，因为它意图推翻思想本身的传统，不再承认尼采赋予这一思想的解放力量。当米歇尔·福柯借助尼采来建立著名的知识与权力之间的等式时（"是我们的需求在阐释世界，是我们的本能还有它们的好恶"①），他所推动的这一运动不仅没有为自身配备必要的分析工具以反对压迫，反而令所有本应对强权者的立法起到限制作用的批评失去了坚实标准。如果知识完全依赖于权力的利益，那真理这个词就变得毫无意义。

那么视角主义究竟是不是一种倒退呢？它是否终将把主体禁锢在自己的成见之中？这确实是人们看待历史认识论，即科学认识的历史的观点之一。有人因此指责科学"范式"的建立者托马斯·库恩②推动了相对主义的普及（尽管并非出于他本意），强调了每个时代都受到特定知识体系的支配，后者对人们可以思考和认识的

---

① Friedrich Nietzsche, FP XII, 7[60], p. 305；KSA 12, p. 315.
② Thomas S. Kuhn, *La structure des révolutions scientifiques* [1962], Paris, Champs-Flammarion, 2018.

东西作出了限定。伽利略眼中的钟摆，在物理学者看来却是一个处于非自由落体状态的物体；拉瓦锡看到的氧化作用，在普里斯特利眼中却是脱燃素空气产生的效果。在托马斯·库恩看来，这首先宣告了与线性的进步观念分道扬镳：牛顿物理学并非简单地取代了笛卡儿物理学的地位，它还改变了物理学的对象。事实上，笛卡儿派物理学家反对牛顿物理学的最主要理由就是后者没有从机械力学角度对重力的传导作出解释。然而，这一概念的缺失并没有影响牛顿物理学的胜利。牛顿力学在18世纪的普遍应用意味着物理学已经不再关注上述问题，而这一新范式的成功，库恩指出，得益于其转移评判标准（以及范式）的能力。从一个范式到另一个范式，意味着一门科学——此处是物理学——的定义发生了深层转变；从一个范式到另一个范式，其理论基础是不可通约的。这就是为什么，现实与逻辑实证主义者的观点相反，当爱因斯坦把相对论引入物理学时，并不是对牛顿物理学的简单拓展，而是代表了与牛顿物理学的决裂：相对论定律在后者的框架下是不可想象的。简而言之，与社会进步一样，科学进步也建立在唯一、确定的真理基础上。

库恩的分析很好地解释了为什么某些科学发现需要经历漫长的等待才能最终被人接受，这令科学家们对自己的计算方法得到的无懈可击的经验结果也将信将疑（例如，著名数学家亚历山大的丢番图宁愿说服自己二次方程要么有正解，要么没有），但它无法有效解释为什么有时候不同方法之间的分歧反而能促进新的知识产生。在这一点上，另一种理论的解释更为充分，它来自波兰科学哲学家路德维克·弗莱克（Ludwik Fleck），库恩曾说弗莱克的理论启发了他对范式的思考，但前者与范式理念有着显而易见的差别。托马斯·库恩讨论的是一系列范式的前后相继，而弗莱克思考的是不同"思想风格"（styles de pensée①）在同一时代的共存。例如，梅毒一经发现，人们就可以通过临床学、皮肤病学、细菌学或者社会政治等不同视角来认识它。与人们可能相信的恰恰相反，弗莱克指出，大多数伟大的科学发现并非来自对自然规律的系统研究，而是得益于思想风格的转换。此外，每个研究者都不会固步自封于某个推崇单一思想风格的流派，而是将几种风格兼容并收，而风格的叠加正是带来科学进步的保证：如果只保持一种始终不变的、相同的风格，就无法带来观察方式的转变。根据弗莱克的观点，任何知识进步的前提都是要有

———————

① Ludwik Fleck, *Genèse et développement d'un fait scientifique* [1934], Paris, Flammarion, 2008.

取有舍，并且意味着回头来考察当前所用方法的未思之处。

从某种程度上来看，今天弗莱克理论最主要的继承者就是所谓的"视点论"（standpoint theory①）。后者与其说是支持知识的相对性，不如说是支持一种更坚实的知识概念，将各方偏见纳入考量范围。其基本思想包含一种反转：相当于说，那些被体制压迫的、被边缘化的个体实际上在知识方面掌握着某些特权。在视点论者看来，这些人与社会上或政治上的特权阶级相比往往掌握着不同的，甚至更丰富的知识。在国家的合法性问题上，托马斯·霍布斯追问的"由谁来解释？"（Quis interpretatur?）也应该应用于知识体制的合法性之上。视点论的谱系可以追溯到马克思的思想，即来自受剥削人民的生活经验和知识，与统治者的生活经验和知识相比，能够以另一种方式更好地揭示世界的构成；统治者攫取劳动成果，却并没有参与价值生产的过程。但没有人比西奥多·W. 阿多诺（Theodor W. Adorno）更精准地把握了马克思的意图，他这样阐释："你眼中的稻草

---

① 此处将 standpoint theory 称为"视点论"（théorie des points de vue），而不是像某些人建议的那样将其翻译为"立场论"或"定位论"（théorie du positionnement）。因为重点不在于我们选择的立场或对自己的定位，而是我们现实的观察点所在，不管是否出于自发自愿。

茎就是最好的放大镜。"① 换句话说，苦难迫使我们回溯源头，而一旦认清根源，就更容易看到其他人正在经受着同样的苦难。

作为视点论最主要的推动者之一，萨拉·哈丁（Sarah Harding）坚持提醒我们，把通常被排除在外的声音纳入聆听范围，并非一种包容的姿态——那意味着重视以往被视为附属物的立场，或者承认它们的独立地位。在哈丁看来，这反而会推动科学思想获得更强大、更坚实的客观性（strong objectivity），因为它揭示了所有知识中包含的不可避免的偏见。② 没有人可以否认科学的出现是出于高度实用性的考虑（例如，出于预测或规划的目的）。问题不在于科学认识的起源都与某种利益密不可分，而在于人们以一种（有害的）客观性之名否认它们的存在。但强客观性理论的支持者并不是要抛弃客观性的野心，而是支持知识的多元准入。经典客观主义将占主导地位的机构和实践合法化，并为其夯实基础，与之相比，"强客观主义"将特权地位给予了通常

---

① Theodor W. Adorno, *Minima Moralia: Réflexions sur la vie mutilée*, Paris, Payot & Rivages, 2001, p. 64.

② Sarah Harding, «Rethinking Standpoint Epistemology: What is Strong Objectivity?», in Alcoff, Linda et Potter, Elizabeth, dir., *Feminist Epistemologies*, New York, Routledge, 1993, pp. 49-82.

被边缘化或"被压制"的经验。这样做的理由有二：一方面，自身生存经验被压制，会令人对此类边缘化机制变得更为敏感；另一方面，有过如此经历的主体更不会轻易忘却自己个人立场的偏见。

这一点在殖民地社会体现得尤其明显，被殖民者必须学习殖民者的语言才能生存——新西兰毛利人要说英语、南非人要说南非荷兰语、阿尔及利亚人说法语——而殖民者则不需要相向而行。在某些情况下，这种差距有可能对被殖民者有利，因为他将拥有两个世界的钥匙，能够在双重棋盘中游戏。这种对殖民地世界的精准分析在某种程度上仍然适用于当代社会。依据"双重意识"（杜博瓦，W. E. B. Du Bois）的概念，这是社会中的少数群体经常具备的一种能力，同时从少数人的观点（来自他们自己的生存经验）和多数人的观点（由周围的社会话语传达）出发来分析自己所在的社会中的现行规范。

鉴于这些观点帮助我们更好地对客观性的历史做了梳理，可以看到，视角主义非但没有成为知识进步的障碍，反而是其促进因素之一。坚持知识和权力之间的联系不会，也不该意味着后者要从属于前者。与此相反的是，在我们捍卫确凿的事实、抵御阐释对客观性的瓦解的时候（"世界不是在七天内创造的，这才是事实"，

"地球不是平的，这是事实"，"气候变化正在发生，这是事实"），不仅将知性思考降格为纯粹的反驳，还落入了与对手之间互相指责的简单幼稚的模式。我们必须面对这样的事实：强调事实的不可动摇性是对尼采，以及那些在专制民粹主义阵营中面目各异的新政体中掌权的、所谓的尼采精神继承者的反驳，但这也同时意味着宣判所有批判性思想的死亡。今天，正是为了阻止"视角"原则被推崇强者法则之徒据为己有，我们才必须誓死捍卫它。

三种视角主义：幽闭式、累加式和对角线式

视角是如何运作的？如果说视角主义维护了相对主义和本位主义的发展，那首先是因为人们在设想视角的时候继续以其幽闭（claustrale）特征为模型：每个认识主体都被紧锁在自己的眼罩之内，只能够看到事物的局部外观。由于始终无法得见全貌，他就无法衡量其间距；而视角从来不会表现出自身的不完整性，它总是呈现为事物本身。这种幽闭性并不局限于个人层面，更作用于整个群体。在先进的信息社会环境中，信息内容个性化程度日益加深，以及社交网络上人以类聚的现状，最终都强化了"意见茧房"的形成，导致任何不同的观

点都会逐渐从视野中消除。这就是尼采描述并坚决反对的视角主义，人们总是不断重复相同的观点，"我"成了自身封闭视界的受害者：受制于"视角主义幻觉——事物表面上的统一性，就像地平线一样，把一切都围困其中"①。这种类型的视角，即我们所说的幽闭式视角，是"视角狭窄"②的结果，同时又把这一狭窄视角普遍化：

　　我的视力，无论是好还是坏、看得是远还是近，都只能看到一段特定的距离，我就生活和活动在以这段距离为半径画出的一个圆形的世界里，无论我走向何方，它的边界都构成了我的当下命运，与我须臾不离，让我无可逃避。每一个生物的周围都存在着一个这样的同心圆，这种同心圆具有一个中点并且为它自己所特有。我们的听觉把我们封闭在一个差不多的圈子里，我们的触觉也是如此。现在，我们就用我们每个人的感官局限于其中的这些像牢狱一样的边界去衡量世界，说这是近的、那是远的，这是大的、那是小的，这是硬的、那是软的。③

---

① Nietzsche, 1885 - 1886 FP 2[91]; KSA 12, p. 106.

② Nietzsche, *Par-delà le bien et le mal*, §188; OC Ⅶ, p. 634; KSA 5, p. 110.

③ Nietzsche, *Aurore* §117; OC Ⅳ, p. 98; KSA 3, p. 110; 尼采，《曙光》，田立年译，桂林：漓江出版社，2007 年，第 83 页。

这样的错误不仅会发生在个人身上，也适用于整个人类群体，尼采因此称其为"巨大的视角假象，人类正是通过这一假象来确认自身"①。

除了幽闭式视角，还有第二种模式，我们可以称其为累加式（*additive*）。这一类的视角总是局部的、不完全的，但这些局部视角可以被拼在一起，形成一个完整可靠的画面。莱布尼茨的视角主义思想就体现出这样的累加特征。在《单子论》中，莱布尼茨描述了一个城市，不管从什么角度和位置观看它，它始终是相同的。单一观点之间的矛盾——也就是莱布尼茨所说的"单子"——只是表面现象，它会在神圣和谐所确立的底层原则之下逐个消散。莱布尼茨的视角主义就像那个著名的印度寓言中的大象：在一个黑暗的房间里，参观者试图通过触摸来识别这个动物，但每个人都只接触到它的巨大身体的一部分。对摸到象鼻的人来说，大象是一根排水管；对摸到耳朵的人来说，大象是一把扇子；对扯到大象尾巴的人来说，大象是一根藤条；对摸到象腿的人来说，毫无疑问，大象是一根柱子。这则寓言最终想要表达的是，只有智者才知道，这些不同的回答之间只是虚假的矛盾。回到莱布尼茨的观点，这样的视角主义

---

① Nietzsche, 1885 FP I, 43［1］；KSA 11, p. 699.

预设了一种充分理性原则的存在，在观点之间进行安排部署。联系他的先定和谐理论，这一模式体现出莱布尼茨式的上帝形象——一个伟大的组织者，使所有的观点汇于一体。伏尔泰也极大推动了这一形象的建立，他将莱布尼茨写入了小说《老实人》（*Candide*，也作《赣第德》）中，由他引出这样一种视角观念，即不同视野的最终融合。换句话说，我们可能还看不到令所有观点集合一体的深刻统一性，但随着时间的推移，将会有一个终极观点——上帝的观点——引导我们看到事物的本质。终级统一性可以由主导一切的上帝提供，或者更低调地，由某个事物的本质提供。与文本解释相关的诠释学传统所保留的正是后一种意义。继莱布尼茨之后，克拉德尼乌斯在 1742 年发表的《一般诠释学》（*Herméneutique générale*）中提出了"观点"（*Sehe-Punckte*）的艺术，即对一个事物、一种学说或一个文本进行全面考察，把握其"所有"方面。[1] 这意味着"观点"之外再无其他可能，克拉德尼乌斯因此发明了一个与拉丁语单词 scopus（正确的目标/瞄准）相对应的现代概念。这种逐步、持续不断接近的观念仍然影响着后

---

[1] J. M. Chladenius, *Einleitung zur richtigen Auslegung vernünfftiger Reden und Schriften* [1742], éd. Lutz Geldsetzer. Dusseldorf, Stern-Verlag Jansen, 1969), Introduction § 155.

续的诠释学思想，直到汉斯-格奥尔格·伽达默尔：尽管他一直避免直接宣扬一种平和的视角主义，但他对成功诠释所作出的描述——读者和作品之间"视域的融合"——已经很能说明问题。[1]

因此，不同版本的累加式视角始终显示出一种不彻底的视角主义：它的多元主义表象只是在通向一致性的道路上迈出的过渡一步（就伽达默尔而言，可以说，年代久远的历史视野和当今的观看者或读者的视野的融合，意味着一个超时空视点的存在，令两者和谐统一，但该论证也同样适用于其他当代思想范式，例如在哈贝马斯的审议伦理学中，异议的出现永远只是暂时的，最终总是由最好的论证获得胜利，赢得全体认同）。说到底，我们何以如此确定，所有的观点最终真的会达成统一，将视线汇聚于一点，如同莱布尼茨描述的那个统摄各个局部的"城市"？布莱兹·帕斯卡（Blaise Pascal）对此已经有所保留，"一座城市……从远处看是一座城市……，但当你接近它时，看到的是房屋、树木、瓦片"[2]，以至于对那些大胆质疑城市本身在哪里的人，我

---

[1] Hans-Georg Gadamer, *Vérité et méthode*, Paris, Seuil, 1996, pp. 326 - 329 et p. 401. 汉斯-格奥尔格·伽达默尔，《真理与方法·诠释学 I》，见前揭，第411—417页。

[2] Blaise Pascal, *Pensées*, Lafuma 65.

们只能指向这些房屋、街道、树木和瓦片。尼采是最早对累加视角主义提出批评，指出其认识论缺陷的人之一：至高无上的观点只能来自一只虚构的眼睛，"总是要求这只眼睛完全没有方向感，没有主动性和解释力，可是，没有这种看就无所谓'看见'"①。

幽闭式和累加式视角主义以各自的方式对视角本身的操作能力加以限制，最终总要依靠某种外在原则作为统领。前者过于理想化，后者又过于仁慈，只有以更激进的方式对视角主义重新进行表述，才能让它摆脱相对主义的骂名。在这里，尼采的思想再次助我们扫清了道路：所有的视角都是一种运动、一种力量（dynamis），尼采呼吁对世界进行动态的诠释（dynamische Welt-Auslegung）。他的怀疑针对的正是谨慎的视角主义（"你应该学会理解，甚至连生命本身也是由视角及其非公正性所决定的"②）。然而，正是因为观点彼此相异，才会发生冲突，从长期来看，才有可能最终奠定更

---

① Nietzsche, *Généalogie de la morale* Ⅲ，§ 12；OC Ⅶ, p. 309；KSA 5, 365；尼采，《论道德的谱系》，周泓译，北京：生活·读书·新知三联书店，2017 年，第三章第 12 节，第 117 页。

② Nietzsche, *Humain trop humain* Ⅰ：Avant-propos，§ 6；OC Ⅲ/1，p. 27；KSA 2，p. 20；尼采，《人性的，太人性的——一本献给自由精灵的书》，杨恒达译，北京：中国人民大学出版社，2011 年，《序》，第 9 页，本书译者根据法语引文作出了相应调整。

好的真理。幽闭式视角主义和累加式视角主义都指向观点的平坦化，对于前者来说，每个观点都是平等的，因此形成一种普遍平坦化，而对于后者来说，唯一主导原则的存在保证了所有目标从一开始就是统一的。观点之间的对抗是必要的：只有包含冲突和对比的视角主义才能通过对照比较带来真正的知识。推动异见形成共鸣，形成内部差异化的同时让事物呈现出自身的坚实性。继尼采的动态化视角观念之后，我们必须认真对待其内部结构中的冲突。其中包含的争议和戏剧性冲突（agôn）既不是一种限制，也不是对整体机制的阻滞，恰恰相反，它宣告了自身存在的前提：是戏剧性冲突带来了区分（les partages，区分/分割/共享），而分裂和分离也意味着它们共处同一场景，才需要彼此进行比较和区分。对立的意见越多，交叉比较就越多，最终得出的结果就越清晰。在前文引述过的《论道德的谱系》中，尼采写道，一只眼睛是不够的，两只也是不够的："我们越是善于让更多的眼睛、各种各样的眼睛去看同一事物，我们关于此事物的'概念'，我们的'客观性'就越加全面。"①

---

① Nietzsche, *La Généalogie de la morale*, Ⅲ, §12; OC Ⅶ, p. 309; KSA 5, pp. 364–365; 尼采，《论道德的谱系》，周泓译，北京：生活·读书·新知三联书店，2017 年，第三章第 12 节，第 117 页。

所有视角的作用方式［即其中包含的"通过……看"（à-travers）］总是首要表现为一种区分，即开辟视野。呈现在视野中的并不是对事态（或多或少）的透明再现，而是一个组织全局、划定界限的动态视阈，一个起到分离和连接作用的力向量。它不是康德意义上的累加式的综合判断，而首先是几方之间的对峙和相互竞争（agôn）。因此，从中产生的知觉凸显是彼此矛盾竞争的结果，并且通过这一方式获得（diá ton agôn），即动态视角。也因为有了不同视角的参与，动态视角（perspective dynamique）也对应着一种斜向（diagonale）视角。斜向视角不认为有且只有一种对世界的完整、真实的再现，世界是由众多独立于我们之外的事物组成的整体，斜向视角因此要求对意义进行不断的重新诠释。每一个新观点既是对此前所有观点的补充，又令它们的意义相对化。

共同视角：政治意义

就其本身而言，观点永远无对错——这正是幽闭式视角主义给我们上的重要一课——因此，只有观点之间的对抗才能令真相展现出来。我们可以借用沃尔夫冈·布兰肯伯格（Wolfgang Blankenburg）的概念，称之为视角反差（contraste perspectif）：得益于视角的差异，视角之间的关联和对立将显现出视野的深度，从而赋予事物以意义和一致性，毕竟意义需要通过获得某种形式才能存在。不过，反差式真相必须被重新置于它的锚定点，即主体之间。如果所有现实都需要被重新审视和重新阐述，那么与之相关的"人"就必然为复数形式。

共同意义的实践使观点具有稳固性——也就是它的现实性——但反过来说，也正是在不同观点的间隔中，其隐约显示出共同意义的地平线。和他人一起看一幅画是为了体验这种不可还原的多元性，尽管视线趋同，但所见仍相去甚远（你看到了什么？我和你看的是同一件作品么？为什么我之前忽略了这个细节，但你一提示我就发现它明明就在眼前？我们一起看到了什么？我们能看到画家之所见，或他的同时代人所见之物吗？百年之后，人们又会从中看到什么？）通过陈述和反观我们所见之物，并意识到自己所见总有不足，我们才能让此前被隐去或排除在外的东西显露出来。加入这个游戏以后，我们才能发现视野中此前包含的隐形区隔。以这样的方式将观点汇集一体，同时意味着划分界限和无差别集合、分享和分歧，而由此建构的对象或场景，没有人能够以充分理由自称主导。我的"这里"就是他们的"那里"，而我的"现在"永远不会与他们的"现在"完全吻合，因为我们共享的时刻位于两条不同轨迹的交叉点。同时，借助指示词引发的共同情境（"看这里"，"看那里"），形成了一整个意义的拓扑图。通过指示词的使用，原本假定性的"我们"转化为一个述行性词汇：共同的注意力造就了它的整体，而它的运作来自共同行动/合作（co-opération）。

因此，心理学对联合注意力（joint attention）的研究显示出向政治理论延伸的可能性，我们可以用汉娜·阿伦特的观点来对此进行解释。阿伦特强调，公共世界的呈现依赖于无数视角和方面的同时在场，除此之外"无法用任何共同尺度或标尺预先设计"①。阿伦特借用了梅洛-庞蒂的"知觉信仰"（foi perceptive）概念，强调其中包含的主体间性。对世界之存在的确信无疑，"我们的'知觉信仰'就是我们感知的确定性，它独立于感知行为而存存，其必要前提就是确知事物也如此这般地出现在他人面前并被他人所认可"②。因此，所有显示出联合注意力的行为都含有不言自明的确认，确认各方处于某个共同情境之下。在阿伦特看来，对事物的认定

---

① Hannah Arendt, *Condition de l'homme moderne*, 见前揭, p. 68。汉娜·阿伦特，《人的境况》，见前揭，第 38 页。

② Hannah Arendt, *La vie de l'esprit. La pensée-le vouloir*, Paris, PUF, 2013, p. 72.

和价值的争论保证了共同世界的存在，而后者的存在从未得到过事先保障，极权主义经验已证明了这一点：

> 在共同世界的诸前提中，首先，并不是所有人的"共同本性"保证了其现实性；而是尽管人们所处位置不同、视角不同，但所有人感兴趣的都是同一个对象。如果我们不对对象身份的一致性加以讨论，那么任何自然的共同体，自不必说反自然的因循守旧的群体社会，都无法阻止共同世界的崩坏，后者通常以破坏人类社会各方面的多样性为第一步。这种情况可能发生在极端孤立的境况下，当人们不再认同彼此，正如暴政之下常见的状况。但它也可能发生在大众社会或群体性的歇斯底里之中，我们会看到人们突然好像都成了一个庞大家庭的成员，每个人都接续和传播着身边人的视角。在这两种情况下，人们都被剥夺了：他们被剥夺了看到和听到他人的权利，以及被他人看到和听到的可能。他们都成了自己的主观性和个人经验的囚徒，不断地将其无限放大。①

---

① Hannah Arendt, *Condition de l'homme moderne*, 见前揭, p. 69, 引文经作者翻译修改；参见汉娜·阿伦特，《人的境况》，见前揭，第38—39页。

当人们越来越排斥不同意见，对不一致的观点感到不耐烦，最终将形成封闭的空间，将所有差异排除在外。观点的私有化使它失去了被重新审视的可能性，对于无法归结于同一立场的事物不屑一顾，也不会改变看待问题的方式。如果不接触与己不同的事物，就不会有共同意义（即常识）的产生，没有感觉间性也就没有了主体间性。汉娜·阿伦特提醒我们，想象一个共同的世界是要付出代价的："当人们只从单一的侧面来看待世界，当它只被允许以唯一视角来展示自己时，共同世界就走向了终结。"[1]

低敏视角失调症和超敏视角失调症：病态的视点

当我们谈论视角时，不仅是在谈一般经验的先决结构，也是在谈主观生活中的某些倾向，后者会以这样或那样的方式愈演愈烈，最终带来巨大的，甚至是压倒性的精神痛苦。某个主体站在他人立场上思考的能力和考虑其他不同观点的能力是强是弱，取决于其社会化的程度。这一过程不仅不是自然发生的，还有可能遭受压抑萎缩或过度发展。在精神病理学上，缺乏同理心通常会

---

[1] Hannah Arendt, *Condition de l'homme moderne*, 见前揭, p. 69, 引文经作者翻译修改；参见汉娜·阿伦特，《人的境况》，见前揭，第38—39页。

导致主体无法放下自己的感受、为他人的体验留出空间，而对他人或群体的痛苦过度感同身受有时会导致自我界限的瓦解。这两种情况都意味着重大的心理失调，一些精神病学家建议用低敏视角失调症（hypoperspectivisme）和超敏视角失调症（hyperperspectivisme）两个范畴来加以解释。

在沃尔夫冈·布兰肯伯格的理论中[①]，低敏视角失调症指的是经验高度僵化，使患者无法对不断变化的多元现实加以整合；而超敏视角失调症则指病人表现出高强度的表演型人格，会引发面具化和身份认同问题。由于看待事物的方式过于僵化，低敏视角失调症患者的视野总是聚焦于单一主题，这限制了他的反应灵活性，令他的应对方式趋于僵化。因为无法容忍感知世界本质上的模棱两可特征，病患会发展出一种整体化妄想，相信自己已经找到了一种超越个人片面观点的全知全容的真理。经验的僵化可能有多种表现方式：它可以是普鲁斯特（《斯万的爱情》）或斯特林堡（strindberg）（《疯人辩护词》《父亲》）等作家笔下的嫉妒的谵妄，个人因此逐渐回缩到被病态忧虑环绕的内心世界。自此，他的全部

---

① Wolfgang Blankenburg, «Perspektivität und Wahn», in W. Blankenburg, dir., *Wahn und Perspektivität. Störungen im Realitätsbezug des Menschen und ihre Therapie*, Stuttgart, Enke, 1991, pp. 4 – 28.

体验只能通过单一的棱镜来传达，那就是嫉妒谵妄或被害妄想，或者是（在布兰肯伯格讨论的例子中）正义的错觉。这位精神病学家分享了一个案例：一位病人在路上捡到了行人遗失的一块手表，把它带回家，准备隔天送交失物招领处。但他随即把这件事忘掉了，几天后他才想起了这件事，但此时法律规定的追索期限已经过去。渐渐地，他的脑中会浮现出各种声音，他感到自己从周围世界接收到的所有信息都与这个过失有关。这位治疗师说，患者从童年时期就表现出强烈的正义感和公正心，但现在发展过度，显示出病态特征：由于全世界都知道他的失败，他妻子或朋友的每一句话都仿佛是一种暗示，病人因此陷入无尽的内疚。布兰肯伯格总结说，这个原本简单的"主题"，最终却吞没了他的全部生存体验。①

　　但低敏视角失调症也有着对应形式，即超敏视角失调症。在第二种情况下，心理僵化让位于极端的灵活性，主体从来没有感受到"自在自如"，而总是站在别人的立场，推测他们的期待或欲望。布兰肯伯格指出，这种"过度变化的视角"能一直发展到妄想的程度，因为主体说服自己、相信自己能够完全设身处地了解他

---

① Wolfgang Blankenburg, «Die Verselbständigung eines Themas zum Wahn», in *Psychopathologie des Unscheinbaren. Ausgewählte Aufsätze*, Berlin, Parodos, 2007, pp. 25 - 68.

人，或钻入他人脑中。乍看起来这种人格似乎演技精湛、长袖善舞，能够适应外界任何情况，但它往往会化为行动上的无力：布兰肯伯格提到一些病人在不间断的假面舞蹈中陷入深度紧张症，他们描述了由此带来的自我边界的消解。超敏视角失调症患者无法形成个人观点，也无法以自己的名义自我表达，在需要选择立场时，他们的为难自不必说。他们由于主体自身的不稳定性引发了极大的精神痛苦（"视角的完全反转和完全无法转换他人的视角同样都是病态的"[1]）。

在布兰肯伯格看来，此类病症实际上源自对视角便利性的过度强调，又对其限制性一面加以否认。而视角并不仅仅意味着一个世界的敞开，它们也标志着封闭，因此，人们必须将两者有机结合。人们应该把视角的行动力和反思性作为一个整体来看待，在为我们打开一个世界的同时，透视性也让我们意识到这个世界和我们每次的打开方式之间的差距。[2] 在这个问题上，视角的"黑暗面"并不仅仅存在于个人心理结构之中，还涉及

---

[1] Wolfgang Blankenburg, «Perspektivität und Wahn», p. 15.

[2] 布兰肯伯格的观点随后得到了进一步发展，参见 Thiemo Breyer, «Too much or not enough-Psychopathological limits of distributed perspectivity», in Günter Abel et Martina Plümacher, dir., *The Power of Distributed Perspectives*, Berlin-Boston, De Gruyter, 2016, pp. 103 – 116。

更广泛的人类学问题。

从敌人的视角来看

近年来，视角问题逐步引起了人类学家的关注。得益于此，多元视角终于彻底摆脱了人们长期以来的刻板印象，摆脱了埃皮纳尔版画式的形象。事实上，共情（empathie）并不一定意味着相互尊重与和谐：在亚马孙地区，学习狩猎就需要很强的移情能力，要能从猎物的立场，去想象后者的感知方式、运动方式等。人类学家在对西伯利亚游牧民族尤卡吉尔人的研究中充分描述了这种特有的"狩猎"共情（empathie cynégétique）。[①] 威维洛斯·德卡斯特罗对此给出了自己的解释：在亚马孙丛林里，这一策略不仅针对猎物，也针对那些潜在的捕食者，要避开危险，比如说，避开美洲豹的威胁，就必须学着像美洲豹那样去看。因此，这种视角主义与和平的关系并无关联：在阿雷韦特部落，共情是战争的结果，在杀死敌人后，杀人者要象征性地"死亡"，从而令杀人者和受害者的灵魂从此不可分割地联系在一起。

[①] Rane Willerslev, «Not Animal, Not Not-Animal: Hunting, Imitation and Empathetic Knowledge among the Siberian Yukaghirs», *The Journal of the Royal Anthropological Institute* vol. 10, n° 3(2004), pp. 629 – 652.

要完成这一转变，杀人者必须以受害者的视角和口吻说话，学会"把自己当作敌人"[①]。

历史上充斥着无数从敌人立场出发开展的破坏性行为。众多政治团体或宗教组织都不惜从敌对势力的视角出发编写小册子，从《锡安长老会议定书》到今天在印度尼西亚流传的虚假阴谋论文本。[②] 这是对我们的警告。不能过于天真地认为设身处地想他人所想一定是出于好意。对动物的共情也是如此：设身处地，往往能让人走出自身视角，但这不一定意味着情感同化。萨缪尔·贝克特（Samuel Beckett）曾写过一篇名为《但丁与龙虾》的精彩小说，证明了人们可以尝试进入龙虾的皮肤之下（或者更准确地说，外壳之下），并尝试从它的角度感受世界。然而，在人们经历了想象力的美妙徜徉之后，故事的走向没有任何改变——龙虾终究要面对这命中注定的、不可避免的平庸结局：在沸水锅里结束生命。[③]

---

① Eduardo Viveiros de Castro, «Le meurtrier et son double chez les Araweté: Un exemple de fusion rituelle», *Systèmes de pensée en Afrique noire*, 14(1996), pp. 77‒104.

② Nils Bubandt, «From the Enemy's Point of View: Violence, Empathy, and the Ethnography of Fakes», *Cultural Anthropology* vol. 24, n° 3 (2009), pp. 553‒588.

③ Samuel Beckett, «Dante and the Lobster» [1934], in *Centenary Edition, vol. IV : Poems, Short Fiction, Criticism*, ed. P. Auster, New （转下页）

有人会补充说，这样的求生视角并不为亚马孙或西伯利亚地区某些原始部族所专属，从某种意义上说，它甚至在林奈的动物学分类中也有一席之地，尽管人们经常批评后者的动物学分类过于僵化。在脉翅目昆虫的分类中，有一个物种叫作蚁蛉（或蚁狮，myrmeleontida）。这个名字源于此昆虫对其他物种的影响：对那些体型更小的昆虫来说，蚁蛉的幼虫就像一只危险的狮子，会在沙地上设下漏斗状陷阱，把它们吸引到陷阱里，然后张开巨大的下颚把它们吞噬。这种将动物视角引入博物学分类的案例，可以被视为去人类中心化的视角的象征，这也是林奈的整个分类学的重要特征；但我们也可以反过来把它看成生物拟人化方法的确证，说到底，对每种捕食者的描述都是以人类的恐惧为参照的。

视角，采纳与否

但是，我们并不能就此认为观点的转变会自动带来更为开阔的思想，事实远非如此，更不用说获得思想平和了。尽管如此，任何协调一致的行动和共同计划的构

（接上页）York, Grove Press, 2006, pp. 77 - 88；收入萨缪尔·贝克特，《徒劳无益》，刘丽霞、曹波译，长沙：湖南文艺出版社，2017 年。

建都以这种灵活可塑性为前提。

人们可以由此想到澳大利亚原住民的歌行（songlines，也叫梦之路），这些"路径之歌"绘制出一幅地图，是地理图，同时也是神话图。每片蜿蜒的地形、每个断层、每个山谷都包含了故事中的一个片段，只有某个部族，有时甚至是只有某个人掌握着打开这些故事的钥匙。这些巨大的精神宝藏必须定期重游，把歌曲与地点联系起来，像珍珠项链那样，串联起这些鲜为人知的秘密旋律和诗行。这些地图从来不会被整个地和盘托出，只有通过分享零散的片段和知识，整个神话叙事才会在背景中慢慢浮现，一步步相继被点亮。歌行的例子有助于我们想象这样一种以淡入淡出的方式、连续的片段、"我们的视觉景象的衔接"① 的形式存在的现实。它也开启了历时性的反思，因为除了空间上的分布（我在这里，他们在那里），还要考虑到行动者在不同时间的多元分布。

意识到我们自己的观点所在，已经是可能引发转变的契机。因此，应该区分始终起作用的操作性视角和专题视角——主体通过反思行为或通过暂时采用他人观点

---

① Maurice Merleau-Ponty, *Phénoménologie de la perception*, Paris, Gallimard, 1945, pp. 384 - 385.；莫里斯·梅洛-庞蒂，《知觉现象学》，第二部分：被感知的世界—第三章：物体和自然世界—C。

来令自己的观点相对化来实现。对另一种生存经验的认同实际上等于对自身经验的脱离（désidentification）。然而，要设身处地为他人着想，必然要付出不少努力。小说在此间起到了关键作用，有助于人们学着改变视角、习得"采纳"他人观点的艺术。不管是造型艺术还是语言艺术，都能通过叙事情节来推动视角的变化。尼采就曾建议人们从那些精通视角艺术的艺术家那里寻找灵感，向他们学习：

> 与事物拉开距离，直至它们在视线中只剩下局部，只能自己补足缺处，才能继续看到它们；或者变换角度观察，只从一个截面观察；或者透过有色玻璃观察，在夕阳余晖里观察；或者赋予事物一层不完全透明的表层。凡此种种，我们都应向艺术家学习。①

换句话说，视角不仅包含了光学原理，也包含着"诗学"元素。这也是尼采这位"生命的诗人"的智慧之处，创造世界，并通过增加"评估、色彩、重量、视

---

① Nietzsche, *Le gai savoir* Ⅳ §299；KSA 3, p. 538；尼采，《快乐的知识》，黄明嘉译，前揭，第 299 条。本书译者根据法语引文作了相应调整。

角、程度"来让现有的世界更加丰富多彩①。现代时期的人们对多元性越来越敏锐——但或许对它的要求也日趋降低。德勒兹也指出，文学的现代性进程与其说是通过对语言本身的关注，不如说是通过把可能的世界（虚拟世界）从现实化的制约中解放出来而实现的。由于现实不可能容纳所有的可能性，于是文学通过思考虚拟的共存，令扩大现实的界限成为可能。没有哪部作品比 J. L. 博尔赫斯的短篇小说《小径分叉的花园》更好地说明这一点了：

在所有的虚构小说中，每当一个人面临着不同可能性时，他总会选择其中一种，消除其他；而在崔鹏的错综复杂的小说中，这个人同时选择了所有的可能性。……比如说，方君有一个秘密；一个陌生人找上门来；方君决定杀了他。很自然，会有几种可能的结局：方君可能杀死不速之客，也可能被其杀害，两人可能都安然无恙，也可能都死掉，等等。在崔鹏的作品中，所有的结局都发生了；每一个结局都是另一些岔路的起

① Nietzsche, *Le gai savoir* Ⅳ §301；KSA 3, p. 540；尼采，《快乐的知识》，黄明嘉译，前揭，第 301 条。本书译者根据法语引文作了相应调整。

点。……今日您光临寒舍，但在某一个可能的过去，您是我的敌人；而在另一个过去中，您可能是我的朋友。[①]

透视/视角形态学

接下来，我们将以形态学分类的形式对本书分析的结果加以总结。对透视主要特征的梳理并非易事，一方面，因为透视所在之处是我们的主观空间，由于长期浸淫其中，我们无法全然掌控；它构成了时刻伴随我们移动的周边环境，又始终超出我们的认知范围。另一方面，我们必须承认透视/视角不是一种现象，它是不可见的，相反，是它让我们看见事物。然而，如果像亚伯拉罕·博斯的蚀刻画中描绘的那样，把透视/视角看成由意识或眼神投射出的一道光束，那可就大错特错了。我们采取的视角往往是由周围环境诱发的，它们来自事物自身对我们反复不断的诱惑，迫使我们关注它们。因此，现实中包含了一种"前倾性"（proleptique）结构［维克多·冯·魏茨泽克（V. v. Weizsäcker）］，我们的每一个目标中都隐含着特定的预期，但它也会时不时发

[①] Jorge Luis Borges, «Le jardin aux sentiers qui bifurquent», *Fictions*, Paris, Gallimard, 2010, p. 99 et 100.

出抗议，引起我们的注意，为前路设置阻碍，令期望不断受阻。现实总是向我们呈现出双重面孔，是实现与取消、完成和拒绝的交织。

因此，我们也要充分考虑到透视的双面性。它有及物性的一面，作为一个过程出现，也有不及物的一面：作为某种呈现事物（对象、事件……）的方式，而被呈现的事物总会超出透视之外。正是第二个特征使我们能够确称，视角主义不是相对主义，而它可以展现一种现实的立场。在透视中，有些东西始终保持恒定，经受了不断的位移考验，既伴随着、又抵抗着所有位移。正是通过这样的对比，我们才能认识事物自身的特征，看到它与他物的区别、它的特点。透视不仅代表了现实不可化约的多元性，也是让我们视之有物、言之有据的保障。

在本书的第一章，我们总结了视角的一些特征，具体地说，是它的面向性、反再现性、媒介性、客观性和多元性。现在让我们回过头来再看一下这五个特征，这一次我们将以明确顺序来描述它们：为……所见、将……视为、通过……看、看到……和带着……看。

（a）为……所见（voir-pour，面向性）

视角呈现出的信息是有着具体方向和面向的：我们所见之物，在向我们呈现自身（而不是为其他人）。从另一个角度看过去，事物的外观可能会有很大不同。因此，视角的构成依赖于主体的存在，后者虽然与显现之物并无渊源，却决定了它的面向。至少，主体不是别的，正是视点的创造者。正因如此，视角依赖于主体而存在，它所构建的关系也是由主体决定的。

（b）将……视为（voir-comme，反再现性）

看到事物的一个侧面，与看到事物的摹本或拟像不同，是从特定角度、"在某种意义上"看到它。不存在普遍的视觉，所有的视觉都只是"某种前提下"的视觉，我只有在事物"作为"某一侧面出现时才能看到它，如对某物的一瞥，或一个人的轮廓等。然而，与语言哲学的某些主张相反，这种将……视为并不能被简化为一个命题结构（S被认为是P），而是揭示了现象领域自身的结构，根据反差逻辑进行的内部组织。

（c）通过……看（voir-par，媒介性）

如果说视角/透视不是一种再现或二重副本，那它也远远不是透明的。从词源上来看，它包含了一种悄无声息的操作，即"per-"这个词根所具有的操作性：某种东西通过它被具体化，并成为可见的。总之，没有透视性（perspectivité）就没有洞察力（perspicacité）。因此，视角不仅代表了一种限制，还是传达意义的途径——意义的媒介和载体。与大多数媒介一样，视角越是不为人所察觉，就越是成功地完成了自己的使命（它因此处于盲点），但视角远远不是简单的中介，它构成了生产表象的机制，行使安排和部署的功能。

（d）看到……（voir-que，客观性）

若我们假设感知对象的每个侧面都需要逐个加以考察，其中隐含的就是遵循叠加原则的视角主义——只有当我们假设对象既不能归约为某个特定角度，也不能还原为所有可能的角度的总和时，对象才会作为理想标准出现，要求我们不断更新对它的观看。因此，如果视角的目标不仅仅是作为简单的内部投射，如果视角要超越自身、成为关于某物的视角，那它的客观性就不能被简化为一种客体性（ob-jectité——换句话说，观察对象在对面呈现自身）。如果视角是一种赋予客观实在性的操作，那是因为它重新阐明了何为现实——不是由它所建构，并且超越它的现实。在这个意义上，正如尼采所说，视角主义只是一种"特殊性的复杂形式"①。从某个角度看过去，就已经意味着看到……，因此，视角也是防止我们视而不见、言之无物的机制。

（e）共视（voir-avec，带着……看，复数性）

如果说视觉总是从一开始就是复数的，那么这一特

---

① Nietzsche, 1888 FP 14[186]；KSA 13, p. 373.

征无疑得益于此：把某样东西看作某物，也就意味着它永远有被看作他物的可能。这种决定论不仅指出了一种合理的可能性，而且是我们在每一天的观点对峙中都将获得的体验。个人观点只能建立在多元的、不断变化的意见整体基础上，由无数共享的情境塑造而成。而分享不是基于观点相同，却恰恰是因为他人看到了我们看不到的东西。因此，与他人一起看（一场展览、一部电影、一件作品，一起思考一个问题），就是通过交叉对比，检验我们的感知和思维中隐含的划分和排除。因此，"有视角地看"必然是一种"共视"：感知只有在共同感知（co-perception）的背景中浮现。

结论

一切都取决于从哪个角度来看——这句话我们可能已经听人重复了一千遍了，也是本书所有调查的出发点。这句语义含混的老生常谈，早已不再引起哲学家的注意，正如德勒兹在他的时代所指出的（"请您告诉我：还有什么说法比'一个观点'更平庸的?"[1]）。同样，在艺术史和科学史的版图上，似乎一切有关透视的问题

---

[1] Gilles Deleuze, cours sur Leibniz, Vincennes, 15 avril 1980 (transcription en ligne) https://bit.ly/2CdO1bz (accédé le 15 mars 2019).

都被讨论过了（线性透视、平行透视、等距投影、等轴投影等），相关的书籍占满了图书馆里整排整排的书架。然而，当下的外部形势使透视及其认识论意义、政治意义突然成了时下重点。为了反对将视角主义草率地定义为封闭和自我禁锢，我们有必要揭示另一个遗忘许久的传统，即自 13 世纪末就已经出现的所谓共同视角（perspectiva communis）的传统，它也同样自豪于直言真实。

以正确的视角看待事物（即以更全面和更客观的方式重新审视事物）：这句格言从未像如此契合当下语境，当然这并不是指无休止的语境化。透视视觉让我们看到的事物，是无法被它呈现的眼前的表象穷尽的，所以任何透视视觉都会超越自身，走向一个不受其支配的真实。所有的透视都会抹去自己的踪迹，在参与的同时隐匿自身，从而把所有空间让于自己要呈现的事物。因此，我们必须接受这样一个事实：视角从来都不会把目光投向它自己，因此没有关于视角本身的观点，而一旦进入视野，视角也就不再是视角。如果说视角将现象呈现在我们眼前，那么它也同时在不断逃避着自己，不断把视线引向自己以外的其他东西。在对现实的信仰问题上，视角主义者和事实主义者之间的巨大区别就在于（根据爱德华多·威维洛斯·德卡斯特罗和罗伊·瓦格纳的观点）：事实要求你相信它们，而视角迫使你相信它们以外的东西。①

　　我们对视角问题最突出的几个方面的考察，揭示了几何问题和人类学问题之间、画家和形而上学家的思考之间的惊人关联。我们再一次看到了，哲学对透视革命的思考只不过是事后的考量，当时，从莱布尼茨到尼采，他们都只是在艺术家的透视实践出现一个半世纪之后，才接手了他们的问题。这些例子倾向于证明，在可能的范围内，最好不要把对透视结构的分析与具体应用分开。因此，该方法源于一个随着时间推移而不断强化的信念：不能够抛开视角的具体实例、抛开它的形式和形态，去进行一般视角的论述。如果真的不存在纯粹的透视，并且透视只有复数形式、存在于具体的弯曲中，这就说明了任何关于透视的调查总是在这双重维度上进行，其现象学方面不能与考古学方面相分离，反之亦然。弗里德里希·尼采已经警告过这种做法必然导致的僵局，因为事实上我们一直在两者之间来回穿梭：当我们试图检查镜子本身，看到的却只是镜中的事物；当我

---

① Roy Wagner, « Afterword: Facts Force You to Believe in Them; Perspectives Encourage You to Believe Out of Them», in E. Viveiros de Castro, *The Relative Native. Essays on Indigenous Conceptual Worlds*, Chicago, Hau Books, 2015, pp. 295 – 324. er.

们试图抓住这些事物，最终抓住的却只是镜子本身。[1]

此外，尼采也坚持认为视角从根本上来说都是不公平的。任何视角都会给予某些事物更多的可见度，而剥夺另一些事物（达·芬奇在他的图像思考中已经强调了这一特征，当时达·芬奇指出，随着物体距离越来越远，它们的清晰度也会降低；达·芬奇称之为prospettiva de' perdimenti，即透视损耗或透视损失[2]）。因此，对包容一切的视角的追寻将注定是徒劳无功的：不管有多么横向包容，任何共同的视角都会带来属于自己的排斥、盲点和死角。而且在从一个视角到另一个视角的转变中，我们还会看到它的强制性。对于那些隐而不现、始终不可见的东西来说，视角也是划定的视野范围，因此，对于可见的视野来说，其中也包含了同样多的隐性区分。当我们的视线跟随这些既定的轨迹，我们只不过是在肯定或否定所有那些支配我们的存在和行动方式的感知规范，对它们进行重申或将其颠覆。

因此，不管是出于本质或惯例，视角都同时是标准化的力量，也是未完成的。如果说透视排除了独特性，

---

① Nietzsche, *Aurore* §243；KSA 3, p. 202；尼采，《曙光》，见前揭，第165 页。

② Léonard de Vinci, *Notebooks*, ed. J-P. Richter, New York, Dover, 1970 (réimpression)，pp. 125–139.

那么当我们从一个观点看问题时，就必须意识到他择性观点必然存在这个事实——因此，透视就意味着在此之外必然存在他择性观点。正如司汤达所说，无论我们的眼睛有多好，我们永远不会同时看到一个橙子的两面。无数事实已经向我们表明，视角始终是以复数形式存在的，而正是这种复数性赋予了它坚固性。可以通过多种方式与真相建立联系，但最重要的是，这种联系本身只以复数形式存在。在我们可以赋予多元主义的所有含义中，这无疑是最具限制力的。